Autodisciplina per gli imprenditori

Sviluppare e mantenere l'autodisciplina in veste di imprenditore

Di

Martin Meadows

Iscrivetevi alla mia newsletter

Vorrei rimanere in contatto con voi. Iscrivetevi alla mia newsletter e sarete sempre al corrente delle mie nuove pubblicazioni, riceverete articoli gratuiti, potrete partecipare ai giveaway e ricevere altre preziose e-mail da me.

Ecco il link per iscrivervi:
http://www.profoundselfimprovement.com/itnews

Indice

Iscrivetevi alla mia newsletter.................... 2

Indice................... 3

Prologo 4

Capitolo 1: Perché siete imprenditori?............. 9

Capitolo 2: Creare uno stile di vita centrato sull'autodisciplina.................. 28

Capitolo 3: Come mantenere l'equilibrio e rimanere sani 54

Capitolo 4: Quattro strumenti per sviluppare la vostra autodisciplina come imprenditori 74

Capitolo 5: Le sfide più comuni che devono affrontare le persone che desiderano avviare un'attività 98

Capitolo 6: Sfide comuni all'autodisciplina per imprenditori esperti 121

Capitolo 7: Domande frequenti relative all'autodisciplina.................. 143

Epilogo 176

Iscrivetevi alla mia newsletter.................. 179

Potreste darmi una mano? 180

Informazioni su Martin Meadows.................. 181

Prologo

Ho lavorato in proprio per tutta la mia vita, perciò so quanto possa essere stimolante l'imprenditorialità.

Le difficoltà che le persone solitamente associano al lavorare da sole, come trovare un'idea imprenditoriale, raccogliere capitali, creare prodotti, trovare clienti e assumere dipendenti, sono solo l'inizio.

L'imprenditorialità pone anche sfide all'autodisciplina. Le persone che non hanno mai lavorato in proprio non si rendono conto di quanto gli imprenditori possano trovarsi sulle montagne russe.

L'autodisciplina è stato il mio forte sin da quando ero bambino. Ricordo ancora di come risparmiavo denaro, invece di spenderlo come gli altri bambini; di come preferivo lavorare sui miei obiettivi a lungo termine che non andare alle feste come gli altri adolescenti, di come mi sono impegnato per anni in ogni attività che mi piaceva, invece di lasciarla perdere dopo i primi ostacoli.

Ho scritto due bestseller sull'autodisciplina: *Come sviluppare l'autodisciplina - resistere alle tentazioni e raggiungere gli obiettivi a lungo termine* e *Autodisciplina quotidiana - abitudini ed esercizi quotidiani per formare l'autodisciplina e raggiungere gli obiettivi.*

Sono anche l'autore di un libro sull'autodisciplina per persone che vogliono mettersi a dieta: *Stare a dieta con l'autodisciplina - come perdere peso e diventare sani nonostante voglie e poca forza di volontà*, e un libro sull'autodisciplina per le persone che vogliono iniziare ad allenarsi di più: *Come sviluppare l'autodisciplina per l'allenamento - tecniche e strategie pratiche per formarsi un'abitudine duratura all'attività fisica.*

Inutile dire che conosco qualcosina in merito all'autodisciplina. In qualità di imprenditore da tutta una vita, ho capito che potevo aiutare gli altri imprenditori scrivendo un libro dedicato alle sfide uniche che affrontano quotidianamente.

La mia esperienza aziendale ruota intorno a varie attività online. Per un periodo di diversi anni sono stato un libero professionista, lavorando principalmente nell'ottimizzazione dei motori di ricerca (SEO). Ho gestito numerosi piccoli siti di nicchia e li ho monetizzati con reti pubblicitarie e programmi di affiliazione. Ho avuto tre società di commercio elettronico che vendevano prodotti fisici e prodotti digitali. Ho avuto un business di software-as-a-service (SaaS). Ho una società di self-publishing online, di cui questo libro è il frutto più recente.

Nelle pagine seguenti scoprirete come intrecciare l'autodisciplina nella trama imprenditoriale della vostra vita, in modo da aiutarvi a raggiungere il successo nel mondo degli affari. Prendendo spunto dalla mia esperienza di imprenditorialità e ricerca scientifica di successo, parlerò delle sfide che affrontano gli imprenditori nuovi e quelli esperti. Parleremo non solo di come sviluppare, ma anche di come mantenere l'autodisciplina. Imparerete come superare le comuni tentazioni degli imprenditori e come affrontare alcune delle sfide più normali che fermano molti di loro nel tragitto verso il successo.

Lo scopo principale del libro è quello di aiutarvi a sviluppare l'autodisciplina e la grinta come proprietari di una piccola impresa. Non sono qui per dirvi come guadagnare un milione di dollari in cinque semplici passi o costruire una società a sette cifre con il mio progetto infallibile. Non sono un guru del business. In realtà, non vorrei nemmeno avvicinarmici. Il mio obiettivo è aiutarvi a diventare imprenditori più autodisciplinati, non dirvi come gestire un'attività.

Poiché questo libro può aiutare tutti le persone che lavorano in proprio, userò in modo intercambiabile parole come "imprenditore", "lavoratore autonomo" e "uomo d'affari" senza differenziare questi termini.

Alla fine di ogni capitolo includerò le tre più importanti implicazioni operative. Non sono lì solo per divertimento. Non limitatevi a leggerle: agite di conseguenza. È l'unico modo in cui questo libro potrà davvero esservi utile.

Concludo inoltre ciascun capitolo con un breve riassunto per aiutarvi a rivedere le informazioni più importanti. La ripetizione aiuta a conservare e a rivedere le informazioni.

Ultima, ma sicuramente non meno importante, una parola di avvertimento: i consigli che state per scoprire non sono scolpiti nella pietra. Non credo negli assoluti e non pretendo di avere tutte le risposte. Considerate i suggerimenti di questo libro come idee da testare nella vostra vita, ma non abbiate paura di provare un approccio diverso. Né l'imprenditorialità né l'autodisciplina sono scienze esatte. Cose diverse possono funzionare per persone diverse.

Parliamo ora della prima e più importante parte della costruzione dell'autodisciplina per un imprenditore (o per qualsiasi altro cimento a questo riguardo).

Capitolo 1: Perché siete imprenditori?

Se sperate di costruire la vostra autodisciplina come imprenditori, dovete avere una forte motivazione per *diventarlo* e per *restarlo*. L'imprenditorialità non è un percorso facile. Se non c'è una forte motivazione che vi faccia andare avanti, quando le cose diventano difficili, sarete sempre in difficoltà.

In questo capitolo tratteremo tre tipi di motivazione, estrinseca, intrinseca e prosociale, e come queste possono aiutarvi a mantenere l'autodisciplina se riuscite a collegarle tutte insieme, per creare un potente carburante per i vostri sforzi imprenditoriali.

Vi prego di non pensare alle vostre motivazioni come alla pillola magica. Sono solo le fondamenta di tutto ciò, ma non è tutto. Per costruire una casa si inizia con le fondamenta, ma non si finisce a questo punto. Tenendolo ben presente, passiamo ai tre tipi di motivazione e a come possono aiutarvi a rimanere imprenditori disciplinati.

Motivazione estrinseca

Potreste aver iniziato a sognare l'imprenditorialità quando avete visto un'auto straniera per strada, il video di una villa lussuosa o immagini di paradisi tropicali lontani.

Forse volete diventare imprenditori a causa dello status associato all'essere amministratore delegato della vostra azienda, gestire una startup o socializzare con i ricchi e i potenti.

O forse avete un business perché vi piace vedere numeri sempre più grandi nel vostro conto in banca o godervi la sensazione di un mazzetto di banconote nel portafoglio.

Tutte queste cose sono una manifestazione di *motivazione estrinseca*, che è motivata da una ricompensa, di solito materiale.

Gli psicologi Richard M. Ryan ed Edward L. Deci definiscono la motivazione estrinseca come "un costrutto che si riferisce a ogni volta che un'attività viene svolta al fine di raggiungere un risultato separabile".[1]

In parole povere, la motivazione estrinseca riguarda esclusivamente il pragmatismo e il risultato finale stesso. Quando volete ottenere una ricompensa, siete motivati in modo estrinseco. Siete anche motivati in modo estrinseco quando il risultato desiderato è quello di evitare qualche forma di punizione. I voti a scuola sono una forma di motivazione estrinseca che serve sia come possibile ricompensa, sia come punizione.

La motivazione estrinseca è il tipo più comune di motivazione ma è anche la più debole. Non sarà sufficiente per aiutarvi a mantenere l'autodisciplina a lungo termine. È più debole della motivazione che proviene dall'interno (di cui parleremo più avanti) perché è legata non al sé ma a ricompense esterne. Se la ricompensa sparisce o il pericolo della punizione scompare, la motivazione se ne va.

Per un nuovo imprenditore, la motivazione estrinseca può essere la fuga dal disagio di avere un lavoro. Questo tipo di motivazione è spesso più forte di una motivazione positiva come il desiderio di possedere un'auto costosa o di vivere in una grande casa, perché il bisogno di sfuggire al dolore può essere più forte del bisogno di possedere qualcosa.

Gli obiettivi estrinseci che riguardano l'ottenere un premio - una nuova auto di lusso, una villa, le vacanze, lo status sociale - vi motiveranno, ma una volta che li avrete (o che smettete di desiderarli prima di raggiungerli), dovrete inventarvi nuovi motivatori. Se è così transitorio non può essere un buon motivatore, non credete?

C'è stato un momento in cui volevo comprarmi un'auto specifica. Quando la presi per un giro di prova, mi accorsi che non mi piaceva guidarla. Per quanto sembrasse figa, improvvisamente non mi importava più di averne una. Se fosse stata la mia motivazione principale a lavorare per la mia azienda, sarei rimasto senza una buona ragione per cui lavorare.

E anche se mi fosse piaciuta e l'avessi comprata, pochi mesi dopo non sarei stato più motivato, perché le cose materiali hanno la tendenza a invecchiare rapidamente. Quando acquisiamo ciò che vogliamo, siamo sazi. Se avessi comprato l'auto, avrei dovuto inventarmi un nuovo giocattolo da desiderare, restando perciò sulla ruota del criceto dell'acquistare cose nuove per una corsa temporanea.

Per questo motivo, non consiglio di avere motivatori estrinseci come ragioni principali per avviare o far crescere l'attività. Con tutti i mezzi a vostra disposizione, fate pure un elenco di tutte le cose carine che vorreste avere, ma ricordate che non sono i motivatori più forti che potreste avere.

Mi piace usare la motivazione estrinseca sotto forma di punizione, ed è anche conosciuta come *spinta motivazionale*. Conosco un imprenditore che scrive assegni di 100 euro agli amici, dicendo loro di incassarli se non termina uno specifico compito commerciale che di recente ha rimandato.

Per quanto piacerebbe a tutti amare ogni compito aziendale, ci saranno sempre cose spiacevoli da fare. Motivarvi a farle per sfuggire alla punizione può funzionare bene, a patto che la punizione sia peggio dell'attività che dovete svolgere.

Avere un elenco di tutte le cose che volete acquistare, i luoghi che volete visitare o lo status che vi piacerebbe acquisire può essere utile, ma non potrà mai eguagliare il potere della...

Motivazione intrinseca

Forse avete iniziato un'attività perché pensavate che essere dipendenti si scontrasse con il vostro senso di autonomia o vi stesse uccidendo dentro.

Forse siete imprenditori o volete diventarlo perché amate le sfide e la crescita personale e desiderate il pieno controllo della vostra vita.

Forse avete un'impresa perché volete realizzare il vostro potenziale e sapete che è impossibile farlo lavorando per qualcun altro.

O forse semplicemente amate essere imprenditori e per voi è una cosa che dà assuefazione a vita.

Questa è la *motivazione intrinseca*. È più forte della motivazione estrinseca perché proviene da dentro di voi e non dipende da una ricompensa o una punizione esterna.

Gli psicologi Richard M. Ryan ed Edward L. Deci definiscono la motivazione intrinseca come "il fare un'attività per le soddisfazioni inerenti piuttosto che per alcune conseguenze separabili. Quando motivata intrinsecamente, una persona viene spinta ad agire per il divertimento o la sfida che comporta, piuttosto che a causa di pungoli esterni, pressioni o ricompense".[2]

La motivazione intrinseca ha a che fare con ciò che sentite dentro. Può essere una sensazione di divertimento, una sfida o il bisogno di indipendenza e controllo. Se volete diventare imprenditori autodisciplinati, il più forte motivatore intrinseco che potrete mai trovare è l'indipendenza.

Niente ha un sapore migliore della possibilità di fare ciò che volete, quando volete, dove volete e con chi volete. Nessuna macchina, villa, abiti firmati o gioielli sosterrà la vostra autodisciplina più della sensazione avvincente di essere padroni della vostra vita.

Ora, intendiamoci, questa ovviamente non è la conclusione di uno studio scientifico. Tuttavia, se guardate agli imprenditori di successo, troverete che quasi tutti hanno qualcosa in comune. Sono guidati dal desiderio di avere la libertà di fare ciò che vogliono, non dalla necessità di sfoggiare una nuova auto costosa o una villa appariscente.

Un buon esempio è il miliardario britannico Richard Branson, che ha affermato: "La mia regola d'oro per gli affari e la vita è: dovremmo tutti godere di ciò che facciamo e fare ciò che ci piace".[3]

Il miliardario canadese-americano Elon Musk si riferisce spesso alla sua motivazione intrinseca. È motivato dalle sfide. Nelle sue parole: "Penso che la vita sulla Terra debba comportare qualcosa di più del semplice risolvere problemi... Deve essere qualcosa di stimolante, anche se indiretto".

Crede anche nel divertimento: "Le persone lavorano meglio quando sanno qual è l'obiettivo e perché. È importante che le persone non vedano l'ora di venire al lavoro la mattina e si divertano a lavorare".[4]

Il miglioramento costante è ancora un altro tipo di motivazione intrinseca che può farvi andare avanti per tutta la vita. Come ha affermato Sergey Brin, co-fondatore di Google, il miglioramento non ha limiti:

"È chiaro che c'è molto spazio per migliorare, non c'è un limite intrinseco a cui stiamo andando incontro".[5]

Una parola di cautela per quanto riguarda la motivazione estrinseca e intrinseca:

A causa dell'effetto di sovragiustificazione, motivatori estrinseci come denaro o premi possono far *diminuire* la motivazione intrinseca di una persona nell'esecuzione di un compito.[6] L'attività cessa di essere godimento, sfida personale o auto-crescita e si relaziona solo alle cose tangibili che si possono ottenere da essa.

Un esempio: nello sport, la prestazione di molti atleti professionisti diminuisce dopo aver firmato un contratto da svariati milioni di dollari. La loro "fame" scompare in un baleno. Per questo motivo, è di vitale importanza dare la priorità alla motivazione intrinseca rispetto alla motivazione estrinseca, e fare attenzione a non dare troppo peso alle ricompense esterne.

Quando confrontate la motivazione intrinseca, che è una fonte inesauribile di ispirazione, con la motivazione estrinseca, che è fugace, è chiaro che la motivazione intrinseca vi servirà meglio e più a lungo.

Tuttavia, c'è ancora un altro modo per garantire che continuerete ad andare avanti nonostante le battute d'arresto e resterete perseveranti, indipendentemente dagli ostacoli. È la...

Motivazione prosociale

Gli psicologi potrebbero sostenere che gli unici due tipi di motivazione "legittima" sono la motivazione estrinseca e intrinseca. Tuttavia, c'è un terzo tipo di motivazione che non è né estrinseca né intrinseca.

Se volete far crescere il vostro business perché volete sostenere la vostra famiglia, siete motivati socialmente a beneficio dei vostri cari.

Se gestite quella che l'imprenditore Yanik Silver chiama "azienda evoluta" (una società che lega la sua esistenza al sostegno di uno specifico obiettivo di beneficenza),[7] potreste essere motivati dalla necessità di aiutare i bisognosi, l'ambiente o altrimenti cambiare il mondo in meglio.

Adam Grant, professore e autore bestseller di *Più dai più hai: un approccio rivoluzionario al successo,* in un articolo sulla motivazione intrinseca e sui comportamenti prosociali suggerisce che il desiderio di aiutare gli altri ci fa fare un passo in più.[8]

Come motivazione è più efficace della sola motivazione intrinseca, ma per i migliori risultati dovreste combinarle entrambe. Nelle parole dell'autore: "I dipendenti mostrano livelli più elevati di perseveranza, prestazioni e produttività quando sperimentano motivazioni prosociali e intrinseche in tandem".

Quando avviate la vostra attività o la fate crescere, trovate un motivo proattivo per farlo. Potrebbe essere fare del bene per una causa o un gruppo di persone specifiche.

Pensate a legare le prestazioni della vostra azienda alle cause che vorreste sostenere. Ad esempio, il mercato online californiano Sevenly dona il 7% delle proprie entrate a cause caritatevoli. In cinque anni ha raccolto oltre 4 milioni di dollari per sostenere e diffondere la consapevolezza sulle cause sostenute.[9]

A un certo punto, aggiungere più numeri al conto bancario non farà aumentare la vostra felicità. Di conseguenza, non sarà più così motivante come prima. Molto probabilmente una persona che passa da 20.000 a 60.000 euro l'anno diventerà molto più felice. Una persona che guadagna 5 milioni l'anno non si sentirà diversa quando inizierà a farne sei, sette o otto.

Secondo i ricercatori di Princeton Angus Deaton e Daniel Kahneman, la soglia è un reddito annuo di circa 75.000 dollari. Dopo aver superato questo numero, fare più soldi può migliorare la percezione della vostra vita, ma non farà molto per migliorare il benessere emotivo.[10] Ovviamente questo numero è per gli Stati Uniti e può essere inferiore o superiore a seconda di dove vivete; è circa il 150% del salario medio nazionale.

Dopo aver superato i 75.000 dollari l'anno, il denaro potrebbe smettere di essere un motivatore forte. Tuttavia, questo non si applica alla motivazione prosociale. Potete sempre dedicare più risorse a sostegno delle vostre cause caritatevoli preferite. La motivazione pro sociale ha sempre un impatto diretto e non diventa mai vecchia e inutile come spendere più soldi per i nuovi giocattoli.

Se non credete nella carità, non dovete sostenere alcuna organizzazione. Non deve essere per forza una cosa legata al denaro. La vostra motivazione prosociale potrebbe essere dedicata esclusivamente a una sola persona, che diventerà il vostro "chi" invece del "perché": la persona che trarrà beneficio dal vostro successo. Nella maggior parte dei casi, saranno i vostri cari: figli, coniuge, fratelli o genitori.

Ad esempio, la mia più forte motivazione prosociale per avere successo nel mondo degli affari è stata quella di guadagnare abbastanza denaro da aiutare i miei genitori a realizzare il sogno di tutta la vita: trasferirsi in campagna.

I miei motivatori estrinseci non hanno mai raggiunto neppure il 10% della motivazione di questo obiettivo. Persino i miei potenti motivatori intrinseci erano ancora secondi rispetto all'aiutare i miei genitori, che hanno passato così tanti anni a prendersi cura di me per assicurarmi di ottenere tutto ciò di cui avevo bisogno per avere successo nella vita.

Per un genitore, un motivatore prosociale primario può essere la necessità di trascorrere tutto il tempo che vuole con il suo bambino. Un business di successo può fornire reddito, ma può anche fornire qualcosa di più prezioso: molto tempo libero.

Qualunque cosa o chiunque vogliate sostenere, non posso non enfatizzare il potere della motivazione prosociale. Pensate al di là di voi stessi.

Tre importanti implicazioni operative

Ora che conoscete tre tipi di motivazione, potreste chiedervi come applicarle nella vostra vita. Le tre principali implicazioni operative sono:

1. Scambiare "Ferrari" per "Libertà"

Molti guru di auto-aiuto affermano che il motivatore più potente che potreste avere è creare una bacheca e guardarla ogni giorno, per ricordare a voi stessi perché state inseguendo i vostri obiettivi. Non dirò che questa strategia non funziona; lo fa, anche se non ha metà della forza che hanno le ragioni meno tangibili per il successo imprenditoriale, come la libertà e l'indipendenza che vi darà.

Un'auto può solo dare una felicità passeggera. La libertà, una volta raggiunta, offrirà godimento e ispirazione permanenti. A differenza di una nuova auto non invecchia mai e, semmai, migliora solo con il tempo.

Certamente, motivatevi con premi, se volete, ma rendeteli complementari ai vostri motivatori intrinseci e prosociali. Trovate ora questi motivatori.

2. Utilizzare la spinta motivazionale per gestire la procrastinazione

La spinta motivazionale (o motivazione *push*) si basa su fattori esterni che vi costringono a completare un'attività specifica per evitare determinate conseguenze. Non funziona bene per mantenere la motivazione a lungo termine (basta chiedere a qualsiasi studente in qualsiasi parte del mondo), ma può essere utile creare un periodo di motivazione e superare la riluttanza a iniziare a lavorare su un compito che avete procrastinato per molto tempo.

Mettere delle poste in gioco funziona particolarmente bene: sono facili da mettere e dolorose quando si fallisce. Un altro tipo di motivazione *push* può essere un gruppo di responsabilità o un coach che vi richiederà resoconti settimanali e vi creerà delle grane, se non riuscite a realizzare ciò che avete promesso di fare.

Trovate un modo per ritenervi responsabili o mettete una posta in gioco per spingervi a fare compiti difficili che rimandate sempre.

3. Andare oltre voi stessi

Fate in modo che i vostri obiettivi non riguardino solo voi. Includete gli altri, che siano i vostri cari, gli estranei bisognosi, gli animali, l'ambiente, la scienza o le arti. In qualunque cosa crediate, una motivazione prosociale rafforzerà la vostra decisione.

Pensatela in questo modo: chiunque salterebbe in un fiume pericoloso per salvare il suo bambino che sta per annegare, mentre poche persone salterebbero nello stesso fiume ruggente per recuperare una banconota da 100 euro che vi era caduta.

Non c'è e non ci sarà mai un motivatore più potente dell'estendere il vostro obiettivo al di fuori di voi stessi. Quando lo combinate con un insieme forte di motivatori intrinseci, e lo supportate di tanto in tanto con punizioni estrinseche, avrete una solida base sulla quale costruire l'autodisciplina a lungo termine.

Se avete già una lista di motivatori, chiedetevi come potete estenderli agli altri. Tenetelo presente ogni volta che vi sentite scoraggiati o tentati di rinunciare.

PERCHÉ SIETE IMPRENDITORI?: RIEPILOGO VELOCE

1. Per rafforzare la determinazione a riuscire, il primo passo è scoprire le vostre motivazioni. Se conoscete uno o più motivi forti per cui volete che la vostra attività abbia successo, è meno probabile che vi arrendiate o rallentiate quando affrontate gli ostacoli.

2. La motivazione estrinseca riguarda le cose del mondo esterno: automobili, case, le dimensioni del conto corrente, lo status, l'invidia e altri tipi di ricompense simili. Si tratta anche di sfuggire alla punizione. Questo tipo di motivazione è utile, ma non è potente nemmeno la metà della motivazione intrinseca e prosociale.

3. La motivazione intrinseca viene dall'interno. Si tratta del divertimento collegato al fare qualcosa: il senso di sfida, la crescita, l'indipendenza, la libertà o avere il controllo della vostra vita.

Se come faro usate l'indipendenza, invece, ad esempio, dell'acquisto di un'auto costosa che diventerà noiosa pochi mesi dopo l'acquisto, questa diventerà una fonte di ispirazione permanente e rinnovabile per farvi lavorare e crescere come imprenditori.

4. La motivazione prosociale è la motivazione più forte. Se state mettendo su un'attività non solo per voi stessi, ma anche per altri, sarete più perseveranti, produttivi ed efficaci. Combinare una ragione socialmente motivata con la vostra motivazione intrinseca si tradurrà in una solida base per l'autodisciplina.

Capitolo 2: Creare uno stile di vita centrato sull'autodisciplina

Può essere più facile mantenere l'autodisciplina come imprenditore, se strutturate la vostra vita in modo da favorirla. In questo capitolo parleremo dei diversi modi in cui è possibile cambiare la mentalità e i comportamenti predefiniti per prosperare come imprenditori, anche quando vi trovate in circostanze non ideali.

Molti di questi cambiamenti sono semplici, ma non necessariamente facili. Tuttavia varrà la pena di fare degli sforzi, per i benefici che ne ricaverete: più autodisciplina, più perseveranza, una vita più felice.

Avere l'input giusto

Se non avete molti amici imprenditori, potreste sentirvi soli o incompresi. Una mancanza o un supporto inadeguato rende più difficile mantenere l'autodisciplina e continuare a perseverare. Per questo motivo, è fondamentale prestare attenzione al vostro ambiente sociale.

Le persone più vicine, come i vostri amici e la famiglia, hanno l'impatto maggiore su di voi. L'imprenditore e speaker motivazionale Jim Rohn ha affermato una volta: "Siete la media delle cinque persone con cui passate la maggior parte del tempo".

Non ci sono ricerche scientifiche che dimostrino che sono esattamente cinque persone, ma ci sono ricerche che suggeriscono che siamo in grado di adottare nuovi comportamenti semplicemente attraverso l'osservazione. È chiamata *teoria dell'apprendimento sociale* e afferma che impariamo dai nostri immediati dintorni.

Il creatore della teoria, Albert Bandura, suggerisce che le persone possono imparare, osservando un comportamento di un'altra persona, in tre modi:[11]

- Modello dal vivo - in cui vediamo direttamente un'altra persona mostrare un determinato comportamento,

- Istruzione verbale - in cui siamo istruiti da un'altra persona su come tenere un determinato comportamento,

- Simbolico - in cui copiamo comportamenti di personaggi reali o fittizi da film, televisione, internet, letteratura e radio.

Quello che è importante notare è che possiamo acquisire inconsapevolmente comportamenti indesiderati. Ad esempio, la ricerca mostra che bambini e giovani adulti che giocano a videogiochi violenti mostrano comportamenti più aggressivi.[12] Guardare programmi tv violenti è ugualmente correlato a un comportamento aggressivo.[13] Quando li affrontate su questo piano, però, poche persone (forse nessuna) sarebbero d'accordo sul fatto che abbiano inconsciamente imparato ad essere più aggressive.

Ora, che cosa ha a che fare tutto ciò con voi, imprenditori che volete diventare più autodisciplinati?

Ebbene, dimostra che i vostri immediati dintorni, compresi amici, famiglia e contenuti multimediali che consumate quotidianamente, possono influenzare la vostra disciplina, e ciò può accadere senza la vostra partecipazione consapevole.

Di conseguenza, assicuratevi di ottenere input che promuovano comportamenti e abitudini di successo, non distruttivi. Se uscite con persone pigre, il cui obiettivo principale nella vita è sballarsi nei fine settimana, non aspettatevi di avere molto successo negli affari. D'altra parte, se trascorrete molto tempo con imprenditori di successo, molto probabilmente diventerete presto uno di loro.

In aggiunta a ciò, lo psicologo sociale Roy F. Baumeister suggerisce che le emozioni positive possano potenzialmente ricostituire la forza di volontà.[14] È improbabile che amici lamentosi e non ambiziosi suscitino molte emozioni positive in voi, mentre le persone orientate alla crescita sicuramente lo fanno. Tutto sommato, c'è molto da guadagnare prestando attenzione al vostro ambiente sociale, non è vero?

I tre passaggi più importanti per trasformare e dare forza al vostro ambiente sociale sono:

1. Vagliare i vostri amici

Dividete i vostri amici in due gruppi: le persone che vi aiutano a crescere e le persone che vi trascinano verso il basso. Quindi, riducete o smettete di passare il tempo con il secondo gruppo.

Ok, ammetto che sembra un po' crudele, ma ascoltate questa storiella.

Ho un amico d'infanzia che viene da una famiglia della classe media ben istruita. Era un bravo ragazzo che di solito stava lontano dai problemi. Quando mi sono trasferito in un Paese straniero per alcuni mesi, abbiamo perso i contatti. Durante questo periodo ha fatto nuove amicizie, gente indifferente e pigra con cui non vorreste mai che uscisse vostro figlio.

Presto ha iniziato a fumare, a bere più alcolici di prima e ad assumere altri comportamenti irresponsabili. Ho avuto difficoltà ad accettare il suo nuovo "io". Non potevo aiutarlo a cambiare i suoi modi perché gli altri amici avevano su di lui un'influenza enorme.

Solo quando ha tagliato i legami con quegli amici distruttivi ha smesso di tenere comportamenti negativi. Solo allora siamo riusciti, in una certa misura, a far risorgere la nostra amicizia, e lui ha potuto iniziare a ricostruire la propria vita. Sono sicuro che se non fosse stato per la sua decisione di smettere di accompagnarsi a quegli individui, sarebbe ancora lì, seduto su una panchina a fumare sostanze illegali, se non a fare uso di droghe.

Vi sembra ancora crudele vagliare i vostri amici? Ovviamente la maggior parte di noi non frequenta spacciatori o tossici pigri. Tuttavia, ricordate che possono influenzarci tutti i tipi di comportamenti presenti nelle nostre immediate vicinanze. Se i vostri amici più cari non pensano al futuro, cercano sempre conforto immediato e sicurezza e non agiscono mai in base ai loro obiettivi (se mai li hanno!), cosa imparerete da loro?

La vostra cerchia sociale non deve essere composta solo da imprenditori. Non si tratta tanto di imprenditorialità quanto di stare con le persone che vi rendono migliori. Ho un amico che è un impiegato modello, mentre al contrario io sono un imprenditore inabile al lavoro. Tuttavia, lui vuole crescere come persona, e questo è un qualcosa di positivo che volete avere nella vostra vita.

Assicuratevi che la vostra cerchia sociale contribuisca alla vostra crescita ed eliminate regolarmente le erbacce. Non ha senso passare il tempo con persone che non vogliono che diventiate migliori.

Però, tenete presente che non concepisco l'essere un amico del tempo libero o calcolare a sangue freddo a chi dovrebbe essere permesso di essere presente nella vostra vita. Non si tratta di abbandonare gli amici che hanno problemi perché i loro problemi potrebbero influire su di voi, o di evitare le persone che hanno meno successo di voi. Si tratta di vagliare le persone che succhiano la vostra energia, invidiano il vostro successo e sabotano i vostri sforzi per migliorarvi.

2. Evitare i media principali

Per mantenere il mio equilibrio e la mia visione positiva del mondo, sono stato a dieta di informazioni per anni. La premessa generale è di evitare tutti i tipi di notizie improduttive, in particolare le cattive notizie dai media tradizionali.[15] Non ricordo l'ultima volta che ho visitato un sito di notizie o comprato un giornale per leggere cosa sta succedendo nel mondo. E mi sento benissimo.

I media prosperano su negatività, paura, violenza e odio. Non mi credete? Aprite un giornale o visitate un sito di notizie e contate i titoli positivi e quelli negativi. Complimenti, se trovate più di una manciata di notizie positive in un mare di attacchi terroristici, incidenti, disastri naturali, faide politiche, crisi finanziarie e ogni altro sapore di negatività che possa esistere.

Consumare giornalmente cattive notizie non è solo una perdita di tempo, rappresenta anche una minaccia per il vostro benessere generale. La ricerca dimostra che leggere notizie negative vi fa angustiare di più, e questo a sua volta esaspera le vostre personali preoccupazioni e ansie.[16]

Come potete aspettarvi di essere perseveranti e autodisciplinati, se tenete un atteggiamento così negativo?

Inoltre, i media gonfiano drammaticamente la percezione del rischio di una persona normale. Quando ogni santo giorno leggete di eventi tragici, è facile sviluppare la convinzione che il mondo sia un posto pericoloso: e questo può rendervi avversi al rischio. Dal momento che l'incertezza e l'assunzione di rischi sono indispensabili per ogni imprenditore, il consumo di cattive notizie influisce direttamente sui risultati che si ottengono come uomini (o donne) d'affari.

Smettete di consumare informazioni a basso contenuto calorico. Evitate notizie, pettegolezzi e paura. Se succede qualcosa di importante nel mondo, ne sentirete comunque parlare dai vostri amici o familiari. Per il resto, perché riempire la vostra vita di tanta negatività?

3. Nutrire la mente di positività

Grazie a Internet, è altrettanto facile trovare contenuti positivi e negativi. La maggior parte delle persone si attacca a questi ultimi, ma ormai sapete che la scelta più intelligente è ignorarli e concentrarvi sui primi.

Invece di perdere tempo in notizie o siti di gossip, trovate siti che promuovono positività, felicità e crescita personale. Unitevi ai forum per le persone che vogliono migliorare sé stesse o le loro attività. Leggete i blog di auto-aiuto. Guardate video motivazionali.

Il punto non è necessariamente quello di pomparvi. L'obiettivo è quello di alimentare ogni giorno la vostra mente con input positivi, per incoraggiare lo sviluppo di convinzioni e abitudini produttive.

Circondatevi di positività anche nel vostro mondo offline. Passate più tempo con persone felici che vi fanno sorridere. Visitate luoghi in cui si incontrano persone positive. Leggete libri che potenziano e che promuovono la speranza, l'ispirazione e l'ottimismo.

Non dovete vedere tutto attraverso occhiali rosa o negare che accadano cose brutte. L'idea è di ripulirvi da tutti gli input negativi e sostituirli con cose più favorevoli alla crescita.

Più modelli positivi avrete - persone, libri, siti web, film, musica - più diventerete positivi. Questo si tradurrà in più perseveranza, autodisciplina e forza di volontà, indipendentemente dalle circostanze della vostra vita.

Evitate a tutti i costi questi cinque comportamenti negativi

I comportamenti negativi ripetuti regolarmente possono farvi comportare in modo non favorevole al vostro successo imprenditoriale. Ecco cinque azioni distruttive che dovete eliminare immediatamente dalla vostra vita:

1. Lamentarsi

Lamentarsi è l'epitome del perdere tempo. Invece di lavorare sulla soluzione di un problema, fate notare quanto sia sbagliato, ingiusto o comunque dannoso per voi.

Lo sapevate che lamentarsi può causare gravi danni alla vostra mente e al vostro corpo? In un'intervista con *Stanford News*, il neuroscienziato Robert Sapolsky sottolinea come provare quotidianamente fattori di stress non pericolosi per la vita inneschi l'inutile rilascio di adrenalina e altri ormoni dello stress, che, nel tempo, contribuiscono a molte delle principali cause di morte nel mondo occidentale.

Con le sue parole: "Se avete intenzione di essere stressati come dei normali mammiferi, è meglio che attiviate la risposta allo stress, altrimenti siete morti. Ma se siete stressati in modo cronico, psicosociale, come umani occidentalizzati, allora siete più a rischio di malattie cardiache e alcune delle principali cause di morte nella vita occidentalizzata".[17]

La ricerca di Sapolsky suggerisce che gli ormoni dello stress causano l'atrofia dell'ippocampo, la parte del cervello associata principalmente alla memoria a lungo termine. Come vi sentireste, se immaginaste che il vostro lamentarvi sta letteralmente restringendo una parte del vostro cervello?

L'oratore motivazionale Les Brown ha pubblicato una volta queste parole sulla sua pagina Facebook:

"Rifiutate di lamentarvi. Lamentarsi è solo un modo per non assumersi la responsabilità, giustificare il non fare nulla e programmare sé stessi per il fallimento. Lamentarsi crea l'illusione di aver fatto qualcosa. Riversate invece l'energia nel migliorare la vostra situazione. Quando trovate modi per essere produttivi e mantenere un senso di ottimismo, dimostrate di avere il controllo della vostra vita.

"I lamentosi si concentrano su ciò che è successo e rinunciano al loro potere. I vincitori si concentrano sul fare accadere le cose e sull'usare il potere per trovare soluzioni alle loro sfide. Siete nati per fare qualcosa di magnifico con la vostra vita! Il pensiero basato sulle soluzioni vi dà quel potere".[18]

Come imprenditori, il vostro compito è risolvere i problemi. Lamentarsi non risolve assolutamente nulla. Sostituite la negatività con un elenco di possibili soluzioni e agite su di esse. Sviluppate l'abitudine di prendere l'iniziativa invece di vittimizzarvi.

A proposito, la seconda abitudine negativa è la...

2. Rassegnazione

Per ogni nuovo imprenditore, la vita imprenditoriale è come essere costantemente sulle montagne russe. È normale sentirsi rassegnati, se ci troviamo in una fase calante dopo un picco.

Tuttavia, più a lungo rimuginate sui flop e le battute d'arresto, più a fondo entrerete in uno stato d'animo depressivo che potrebbe indurvi a rinunciare, piuttosto che a lavorare sui vostri obiettivi.

Come imprenditore, ho avuto più della mia giusta quota di fallimenti. Mi sono ritrovato indebitato. Le mie aziende sono fallite da un giorno all'altro. Ho investito migliaia di dollari e innumerevoli ore in progetti che sono stati un completo disastro.

Ogni volta che mi veniva inflitto un colpo, mi sentivo riluttante a riprovare. Tuttavia, non permettendomi di trascorrere più di un giorno o due in un tale stato confusionale, sono sempre riuscito a rialzarmi, rimettermi in sesto e riprovare. Senza eccezione, quello che mi ha aiutato è stato volgermi verso la speranza e l'ispirazione e lontano dalla sventura e dalla tristezza della rassegnazione al destino.

Ogni volta che vi sentite giù, state pure male, per un po', se è quello di cui avete bisogno; ma poi, per quanto sia difficile, iniziate a escogitare un altro piano. Descrivete in modo approssimativo gli step che intraprenderete quando sarete pronti per un'altra corsa.

3. Gelosia

Quando siete invidiosi del successo degli altri, è facile pensare, "ehi, ha avuto tutto facile", o trovare altri modi per screditare il successo di qualcuno o trovare scuse diverse dalla semplice perseveranza e dedizione.

Se considerate le persone di successo come persone "fortunate", che tipo di messaggio fate arrivare al vostro inconscio? Quanto sareste perseveranti se, in fondo in fondo, pensaste che il successo imprenditoriale è tutto basato su fortuna, privilegi o immoralità?

Il vostro inconscio agirà contro di voi, se nel profondo siete gelosi e disprezzate le persone di successo.

Sostituite l'invidia con l'apprezzamento. Ogni volta che sentite parlare di una persona di successo, vedetela come prova che anche voi potete arrivare al successo. Meglio ancora, iniziate a uscire con persone di successo e imparate da loro.

4. Mentalità della scarsità

La mentalità della scarsità pensa che il successo sia un gioco a somma zero. Se c'è una torta sul tavolo e ne prendete una grande fetta, ci sarà meno torta per tutti gli altri.

Potrebbe applicarsi alle torte, ma non si applica al successo.

Condividere le vostre conoscenze con altri non vi rende meno intelligenti. Amare uno dei vostri figli non significa che ci sia meno amore a disposizione per tutti gli altri. E, se diventate un imprenditore di successo, ciò non significa che qualcun altro debba fallire.

La mentalità dell'abbondanza è l'opposto della mentalità della scarsità. Si tratta della convinzione che c'è sempre di più per tutti, che è sempre possibile creare di più, e che potete ottenere di più con l'aiuto degli altri invece di competere contro di loro per le presumibili scarse risorse.

Il più giovane professore di Wharton, Adam Grant, scrive nel suo bestseller *Più dai più hai: un approccio rivoluzionario al successo*: "Questo è quello che trovo più magnetico nei donatori che hanno successo: arrivano in cima senza eliminare gli altri, trovando sistemi per espandere la torta che apportino vantaggi sia a loro stessi che alle persone intorno a loro. Mentre il successo è a somma zero nel gruppo di persone che prende, nei gruppi di donatori può essere vero che il tutto è maggiore della somma delle parti".[19]

Anche voi potete godervi questo effetto sinergico, se vi concentrate sul dare e condividere risorse invece di accumulare tutto per voi stessi.

Nel suo bestseller *Make It Big: 49 Secrets for Building a Life of Extreme Success,* Frank McKinney, un investitore immobiliare di successo, scrive: "Quando dai più di quanto pensi di ricevere, arrivi a un punto di forza dentro te stesso. Smetti di essere un contabile che cerca sempre di tenere il conto e diventi invece un filantropo, sapendo che per te c'è a sufficienza per essere generoso. E, alla fine, con questo atteggiamento ricevi davvero altrettanto di quanto hai dato".[20]

Per quanto poco intuitivo possa sembrare, per ottenere di più, date di più. Trasformatevi da ambiziosi a generosi e farete strada.[21]

5. Darsi per vinti presto e spesso

Rinforzate ciò che ripetete regolarmente. Se avete l'abitudine di arrendervi presto, avrete difficoltà a perseverare.

Se perdete rapidamente l'entusiasmo nell'apprendere una nuova abilità, perché dovrebbe essere diverso quando avviate un'attività o collaudate nuove idee di business?

Se alzate le mani nel momento in cui affrontate un ostacolo - ad esempio, non sapete come fare qualcosa - vi allenate a diventare deboli.

Secondo una tesi di Diana Lynn Bartolotta alla Carnegie Mellon University, gli ottimisti lavorano più a lungo su quei compiti che percepiscono come importanti.[22] Quello che è interessante è che i pessimisti perseverano più a lungo quando devono affrontare compiti poco importanti, mentre gli ottimisti tendono a rinunciare più rapidamente quando percepiscono che un compito è banale.

Bartolotta conclude il documento di ricerca dicendo che "un pessimista è più propenso a sprecare tempo ed energia per compiti banali, mentre un ottimista conserva il suo tempo e le sue energie per i compiti più importanti. Di conseguenza, gli ottimisti se la passeranno meglio su compiti più importanti".

Sviluppate un atteggiamento più perseverante sviluppando la convinzione che potete superare gli ostacoli, e fatelo ogni volta che vi trovate in una situazione difficile.

Impegnatevi in attività che richiedono pazienza, acquisite competenze complesse o mettetevi in situazioni che richiedono capacità di problem-solving. Quanto più spesso e più a lungo rimanete con il problema e perseverate, tanto più facile sarà andare avanti con gli altri vostri obiettivi.

Tre importanti implicazioni operative

Per aiutarvi ad attuare il consiglio di questo capitolo, ecco le tre principali implicazioni operative:

1. Ristrutturare i vostri dintorni

Pensate a chi e a che cosa contribuisce positivamente a ciò che vi circonda e a chi o a che cosa vi rende più difficile mantenere l'autodisciplina o essere ottimisti.

Suggerisco di classificare i fattori più importanti usando una scala da 1 a 10 (1 per l'impatto meno negativo e 10 per quello più velenoso) e quindi eliminare le influenze negative una per una, partendo da quelle con il punteggio più alto.

Potrebbe essere una persona specifica; un'abitudine che fa sempre peggiorare le vostre giornate, come lamentarsi; o forse una parte della vostra routine quotidiana, come alzarsi troppo tardi e poi non avere tempo ed energie per lavorare sui vostri obiettivi, dopo esservi presi cura di altri obblighi urgenti.

2. Diventare proattivi

Lamentele e rassegnazione sono due comuni comportamenti distruttivi che portano al vittimismo.

Se aspettate che le cose accadano, invece di farle accadere, è altamente improbabile che possiate mai diventare un imprenditore di successo.

Allenatevi per resistere alla tentazione di alzare le mani in segno di resa. Agite invece per risolvere il problema e apprezzatelo come una sfida per rinforzare la vostra decisione.

Come ha affermato Arnold Schwarzenegger in un'intervista per il *Boston Globe*: "La forza non viene dalla vittoria. Sono le lotte che sviluppano i vostri punti di forza. Quando si superano le avversità e si decide di non arrendersi, questa è la forza".[23]

La proattività riguarda anche il prepararsi a potenziali problemi futuri. Se doveste seguire una dieta, non è più sensato riuscire a liberarvi di tutti gli alimenti malsani presenti in casa vostra piuttosto che ricorrere alla vostra forza di volontà ogni volta che andate in cucina?

Anche se foste gli imprenditori più disciplinati del mondo, non preferireste essere proattivi ed evitare le tentazioni, piuttosto che evitare che le cose accadano?

3. Dare di più

Uno dei peggiori comportamenti negativi che potete assumere è pensare che le risorse siano scarse e che dobbiate tenere tutto per voi. Quando avete paura di condividere con gli altri conoscenze, tempo e denaro, vi costruite una gabbia che potrebbe avere successo nel trasformarvi in tirchi, ma non vi aiuterà a raggiungere il successo a lungo termine.

A partire da oggi, fate uno sforzo per dare di più. Se siete scrittori, condividete gratuitamente alcuni dei vostri scritti. Se vendete prodotti reali, metteteci un regalo. Condividete la vostra esperienza con gli altri, senza vincoli.

Eliminerete la mentalità della scarsità dalla vostra vita quando condividerete continuamente e generosamente con gli altri ciò che avete, e penserete sempre in termini di espansione della torta per tutti.

CREARE UNO STILE DI VITA CENTRATO SULL'AUTODISCIPLINA: RIEPILOGO VELOCE

1. Le persone intorno a voi possono influenzarvi in modo positivo o negativo. Potete inconsciamente adottare i comportamenti e le convinzioni negative delle persone intorno a voi. Per questo motivo, è importante essere consapevoli di chi lasciate entrare nella vostra cerchia sociale, poiché alcune persone possono trascinarvi giù e sabotare i vostri sforzi per migliorare voi stessi.

2. Se volete trasformare l'ambiente e renderlo più forte, filtrate i vostri amici, evitate i principali mezzi di comunicazione di massa e nutrite la vostra mente di positività.

Vagliare i vostri amici significa scegliere consapevolmente con chi uscire. Ricordate che altre persone possono promuovere comportamenti che non favoriscono il vostro successo personale o semplicemente prosciugare le vostre energie per il gusto di farlo.

È importante evitare i media principali perché contengono quasi esclusivamente notizie negative pensate per farvi sentire spaventati, minacciati e a disagio e, inoltre, gonfiano la vostra percezione del rischio. Un costante afflusso di pensieri negativi non è vantaggioso per il vostro successo... né per qualsiasi altra cosa, se è per questo. Sbarazzatevi di questa tortura autoimposta.

Nutrire la vostra mente di positività significa consumare contenuti ispiratori e stimolanti e uscire con persone che condividono la vostra positività. Può essere un video di ispirazione. Gente felice. Forum con utenti che vogliono migliorarsi. Scegliete cosa mettere nella vostra mente; perché non assicurarsi che sia un input benefico che vi renda persone più felici e di maggior successo?

3. Cinque atteggiamenti che possono drasticamente indebolire la vostra determinazione come imprenditori sono: il lamentarsi, la rassegnazione, la gelosia, la mentalità della scarsità e arrendersi presto e spesso.

Lamentarsi sviluppa l'abitudine di brontolare per i problemi invece di trovare soluzioni. Porta anche al vittimismo, che uccide la perseveranza.

La perseveranza vi lascia incapaci di agire. Più vi sentite fatalisti, più difficile sarà alzarvi e riprovare. Sentitevi pure male per un po', se ne avete bisogno, ma non aspettate troppo a lungo per escogitare un nuovo piano.

Attribuire il successo di altre persone a cose che non potete controllare, come privilegi o fortuna, è come affermare che la perseveranza non funziona. Non aspettatevi di raggiungere il successo, se criticate le persone che l'hanno avuto, invece di apprezzarne l'esempio che hanno saputo dare agli altri.

La mentalità della scarsità pensa che tutto in questo mondo sia scarso, e che quindi dovreste accumulare tutto per voi. Tale mentalità saboterà i vostri obiettivi, perché vivrete nella paura costante di perdere le vostre preziose risorse limitate, e vi allontanerà dagli altri perché avrete paura di condividere le vostre conoscenze e collaborare.

Darsi presto per vinti - in tutti i tipi di contesti, non solo nel business - crea un'abitudine distruttiva che garantirà che non otteniate mai grandi vittorie. Tutto ciò che merita richiede tempo per essere raggiunto, quindi è fondamentale allenarsi per continuare ad andare avanti più a lungo di chiunque altro.

Capitolo 3: Come mantenere l'equilibrio e rimanere sani

L'imprenditorialità non è solo una scelta professionale. Per la maggior parte delle persone, l'imprenditorialità è insieme uno stile di vita, un atteggiamento e uno stato d'animo.

Se lavorate per qualcun altro, non dovete preoccuparvi del business 24 ore su 24, 7 giorni su 7. Venite pagati per il vostro contributo alla società e niente di più, quindi è più facile segnare il confine tra vita personale e professionale.

Se possedete un'attività, non potete distogliere la mente e dimenticarla. È un po' come la vostra bambina. Ci pensate ogni singolo giorno, anche quando siete in vacanza. Questo può essere sia utile che dannoso, per voi.

In questo capitolo esploreremo come mantenere l'equilibrio e conservare la sanità mentale mentre lavorate sulla vostra attività.

Il vostro corpo è il vostro amministratore delegato

Gli imprenditori amano considerarsi degli eroi che possono lavorare 24 ore su 24, 7 giorni su 7, senza riposare. Molti sono portati a credere che i loro corpi siano macchine infallibili in grado di funzionare esclusivamente con caffè e snack. Inoltre, si illudono pensando di poter accantonare le loro vite personali e sistemare tutto dopo, dopo aver raggiunto il successo aziendale.

Mi dispiace deludervi, ma vivere in questo modo distruggerà inevitabilmente la vostra salute, le relazioni e il benessere generale.

Quando si tratta di salute, il vostro corpo è l'amministratore delegato, e *vi licenzierà*, se continuate a mancargli di rispetto. Prendersi cura della propria salute significa seguire una dieta sana, fare esercizio fisico, dormire a sufficienza ed evitare abitudini malsane. Tutto questo è fondamentale per il vostro successo come imprenditori.

Una dieta sana è necessaria per ottenere tutti i nutrienti di cui il vostro corpo ha bisogno. Il cibo non trasformato è la scelta migliore, sia per la salute che per la sazietà. Se mettete in corpo del cibo di bassa qualità, otterrete prestazioni di bassa qualità.

Per quanto riguarda l'esercizio, nel suo libro *The Willpower Instinct: How Self-Control Works, Why It Matters, and What You Can Do to Get More of It*, la psicologa e autrice di bestseller Kelly McGonigal afferma che: "L'esercizio fisico risulta essere la cosa più vicina a un farmaco miracoloso che gli scienziati dell'autocontrollo abbiano mai scoperto. Innanzitutto, i benefici della forza di volontà collegati al fare esercizio sono immediati. Quindici minuti su un tapis roulant riducono le voglie, come si vede quando i ricercatori cercano di tentare le persone a dieta col cioccolato e i fumatori con le sigarette".[24]

Per quanto riguarda il sonno, la ricerca di Roy F. Baumeister suggerisce che il riposo può ricostituire la vostra forza di volontà.[25] Se questo fatto da solo non vi persuade, considerate che la privazione del sonno produce disturbi cognitivi e motori equivalenti a un livello intossicante di alcol nel sangue.[26] Non penso di dovervi parlare degli altri benefici del dormire abbastanza, vero?

Potete imparare molto di più su come vivere uno stile di vita sano nei miei libri *Stare a* dieta con *l'autodisciplina* e *Come sviluppare l'autodisciplina per l'allenamento*.

Quello che è importante sottolineare, in relazione all'autodisciplina, è che se trascurate la vostra salute, prima o poi dovrete pagarne lo scotto. Quanto più a lungo trascurate la cura della salute, meno sarete efficaci. Questo si tradurrà, quindi, in una diminuzione dell'autodisciplina.

La vostra salute non dovrebbe mai venire messa in coda. Potete sempre riprendere le vostre iniziative imprenditoriali, ma non sempre vi sarà possibile riacquistare la salute.

Quattro ragioni e soluzioni per lo squilibrio lavoro-vita

Il vero successo imprenditoriale non riguarda solo i profitti, le vendite, le entrate e le valutazioni, ma anche trovare il giusto equilibrio per godere di *entrambi*: azienda e vita personale. Altrimenti, qual è lo scopo? Il successo imprenditoriale non significa nulla, se le vostre relazioni sono fallimentari.

Nel suo articolo sull'equilibrio lavoro-vita per *Forbes*, l'imprenditore Michael Simmons condivide quattro ragioni per cui, secondo l'imprenditore coach David Kashen, l'equilibrio tra lavoro e vita privata è così difficile per gli imprenditori.[27] Analizziamole punto per punto e risolviamo ciascuna di queste sfide, una alla volta:

1. Mescolare identità personale e benessere aziendale

Se trattate la vostra attività come la vostra bambina, è facile che il confine tra vita personale e aziendale si offuschi. L'attaccamento emotivo alla vostra società può quindi determinare il vostro benessere. Se gli affari vanno bene, vi sentite bene. Se gli affari vanno male, così fate anche voi.

In qualità di esseri umani che pensano in modo logico, non volete sentirvi male. Di conseguenza, trascorrete sempre più tempo a lavorare in modo da poter monitorare costantemente la vostra attività e soddisfare i suoi bisogni. Presto non ci sarà alcun equilibrio nella vostra vita, perché tutto ruota intorno alla vostra attività.

Come si risolve questo problema?

Se la ragione principale è quella di associare il vostro valore personale alle prestazioni della vostra attività, la soluzione è trovare più ruoli che vi definiscano come persone e trarre valore anche da questi ruoli. Se non siete solo imprenditori, ma anche genitori, coniugi, tennisti o partecipanti attivi alla vostra comunità, la vostra autostima sarà meno incline ad andare in frantumi, quando incontrerete problemi in un'area della vostra vita.

Può sembrare controintuitivo, ma potete diventare imprenditori molto migliori se non vi occupate costantemente degli affari. Altri ruoli nella vita possono aiutarvi a prendere le distanze e vedere le cose come stanno.

Infine, considerate la delega come un sistema ulteriore per rompere il legame tra autostima e business. Cedere alcune responsabilità ad altre persone può aiutarvi a smettere di pensare alla vostra attività in termini di qualcosa di cui solo *voi* potete prendervi cura e far crescere.

2. Paura dell'insuccesso

Per molti imprenditori, l'azienda è tutto ciò che hanno. Ci hanno investito tutte le proprie risorse: risparmi di una vita, tempo, energia e reputazione. Come risultato, molti di loro lottano per tenere in equilibrio la vita personale con quella professionale.

Come è possibile evitare questa comunissima trappola?

Il primo passo è cambiare la vostra relazione con il fallimento. La paura è un'emozione utile quando affrontate un predatore tra i cespugli, ma non è uno stato mentale produttivo per un imprenditore.

La paura di fallire è solitamente più forte per una persona che non ha avuto molti fallimenti nella vita. Perché non sottoporsi intenzionalmente a una "terapia del fallimento" cercando cose difficili che abbiano un'alta probabilità di fallire? Temiamo le cose che ci sono sconosciute. Se invece proviamo qualcosa giornalmente—come il fallimento, in questo caso—ecco che cessa di essere spaventoso.

Come imprenditore ho fallito innumerevoli volte. Per quanto brutti fossero tutti questi fallimenti, mi hanno anche insegnato a sentirmici a mio agio.

Affrontate la paura e invitate il fallimento nella vostra vita. Non dovete per forza fallire intenzionalmente nella vostra attività. Per abituarsi agli ostacoli, alle battute d'arresto e ai salti mortali, invitate le sfide a entrare nella vostra vita personale: imparate un'abilità nuova e difficile, per esempio.

Il secondo passo per affrontare la paura di fallire— quando è motivata dal timore di perdere denaro— è mettere in ordine la vostra vita economica. La vostra paura di fallire diminuirà, se create un fondo che copra le vostre spese di mantenimento per sei mesi, in caso di emergenza. Ciò vi consentirà anche di sentirvi più a vostro agio nel prendervi una pausa, andare in vacanza o passare del tempo godendo di altri aspetti della vita che non siano il business.

3. Amore per il lavoro

Ascoltate, lo so bene. La vostra attività vi appassiona e ci pensate sempre. Sono fatto allo stesso modo. Non si può spegnere la mia mente imprenditoriale. Va tutto bene, a meno che il business non sia l'unica passione della vostra vita e non diventi la vostra unica via di fuga dai problemi.

Se lo squilibrio nella vostra vita è principalmente motivato dalla passione per l'azienda, e inizia a mettere a dura prova le vostre relazioni, è tempo di cambiare.

Quello che mi ha aiutato personalmente è stato trovare altre passioni oltre il lavoro. Poi ho contagiato altre persone con alcune di loro. Ad esempio, faccio regolarmente arrampicata su roccia con un amico. Mi piacciono anche le lingue e i viaggi: quindi, pianificare i viaggi futuri è un'altra attività appassionante che distoglie la mia attenzione dagli affari.

Trovate passioni non lavorative nella vostra vita. Se ne diventate dipendenti, vi aiuteranno a raggiungere un maggiore equilibrio. Come vantaggio collaterale, sarete più stimolati e avrete nuove prospettive su come far crescere la vostra attività.

4. Un premio per aver fatto più lavoro

Come imprenditori, potete sempre lavorare di più e ottenere sempre di più. Non c'è un massimo a quanto potete ottenere, ed è bello riuscire ad arrivare a nuovi traguardi. Non sorprende che molti imprenditori lavorino il più possibile e, tuttavia, sentano che dovrebbero lavorare ancora di più.

Sfortunatamente, questa dipendenza dal successo presenta anche effetti collaterali negativi. Iniziate a trascurare la salute, la famiglia, gli amici e la cura di voi stessi. Ad un certo punto, un semplice desiderio di lavorare di più si trasforma in stacanovismo, una dipendenza dal lavoro per il gusto di lavorare.

La soluzione a questo problema è simile alla soluzione per quanto riguarda l'amore per il lavoro. Trovate qualcosa che vi sfidi e vi faccia sentire produttivi. Non deve generare direttamente risultati tangibili; finché vi dà una sensazione simile al successo che ottenete grazie alla vostra attività, andrà bene. Se farete questa cosa insieme ad altri guadagnerete dei punti extra.

Ad esempio, adoro imparare le lingue e lo considero un modo estremamente produttivo di passare il tempo. Mi ricorda che nella vita c'è molto di più da raggiungere del successo nel lavoro, e questo mi aiuta a equilibrare meglio la mia vita personale e quella imprenditoriale. Pratico anche vari sport tra cui tennis e ciclismo, e invito i miei amici a goderne con me.

Per ristabilire l'equilibrio, impegnatevi in questi passatempi mirati e produttivi insieme ad altre persone della vostra vita. Trovate soddisfazione personale nel trascorrere del tempo di qualità con i vostri cari *e* fate qualcosa che vi faccia crescere come persone. Ecco qualche idea:

- Unitevi a una squadra di calcio locale con i vostri amici.

- Esplorate riserve naturali e organizzate viaggi regolari con la vostra famiglia.

- Costruite qualcosa con le mani: un tavolo da cucina, un giocattolo, una decorazione per la casa. Invitate i vostri amici, bambini, coniuge o altri membri della famiglia a partecipare.

- Cucinate qualcosa. Cucinare e mangiare sono alcune delle attività sociali più piacevoli, che vi faranno sorridere e provare un senso di realizzazione.

- Praticate varie arti: pittura, musica, scrittura, scultura. Coinvolgete tutta la famiglia o condividete i frutti del vostro lavoro con loro.

- Fate giardinaggio. Vi aiuterà a rilassarvi. Potete anche trasformarlo in un'attività sociale con il vostro coniuge, figli o amici a cui non importa di sporcarsi le mani.

La chiave è avere una vita al di là della vostra attività. Trovare eccitazione in contesti non lavorativi renderà più facile mantenere l'equilibrio tra la vita personale e quella professionale.

Tre importanti implicazioni operative

Di seguito sono riportate tre principali implicazioni utilizzabili per aiutarvi a mantenere il giusto equilibrio nella vita e rimanere sani di mente.

1. Prendersi cura della propria salute

Le iniziative imprenditoriali sono avvincenti e forniscono molto divertimento. Tuttavia, se trascurate la vostra salute, un giorno potreste non riuscire più a lavorare. La prevenzione di base è tutto ciò che serve per ridurre al minimo il rischio di sviluppare molte malattie gravi.

Analizzate i vostri livelli di salute e fitness. Avete una dieta salutare? Fate abbastanza esercizio fisico e dormite a sufficienza? Trattate il vostro corpo come il vostro capo, che deve essere rispettato, o come uno schiavo che regolarmente fate stramazzare al suolo?

Se siete sovrappeso, cambiate le vostre abitudini alimentari e fate più attività fisica. Dormite di più, se tendete a tirare tardi la notte e spesso vi trovate ad addormentarvi nel bel mezzo della giornata.

L'ideale sarebbe trovare un modo per ricavare passione e divertimento dai vostri sforzi per migliorare salute e forma fisica. Se avete bisogno di aiuto, i miei libri *Stare a dieta con l'autodisciplina - Come perdere peso e diventare sani nonostante voglie e poca forza di volontà* e *Come sviluppare l'autodisciplina per l'allenamento - Tecniche e strategie pratiche per formarsi un'abitudine duratura all'attività fisica*, vi aiuteranno.

2. Impostare sfide non aziendali

Se gli unici traguardi della vostra vita derivano dagli affari, non c'è da meravigliarsi se tendete a dargli priorità rispetto alla vostra vita personale. Dopotutto, gli esseri umani vogliono sentirsi bene, e se sono principalmente i risultati aziendali che vi alimentano, in quale altro modo potreste cercare una soddisfazione personale?

Provate con un nuovo hobby, un'abilità che volete padroneggiare o un miglioramento che vorreste fare nella vostra vita personale. Ciò vi aiuterà a soddisfare la vostra fame di risultati e a smettere di misurare la vostra autostima solo in termini di prestazioni aziendali. Accettate di vincere e perdere nella vostra vita privata: questo porterà più eccitazione nella vostra vita, da fonti diverse che non siano la vostra attività.

Suggerisco caldamente di praticare almeno uno sport difficile che vi distragga dal lavoro, vi aiuti a rilassarvi e presenti una sfida, in modo che non dobbiate scappare al lavoro come forma di autoterapia.

3. Avere una vita

Ho capito, amate la vostra attività. Amate l'imprenditorialità. È la vostra passione. Tuttavia, per quanto assurda possa sembrare questa idea, dovreste comunque avere una vita al di fuori di essa. Gli uomini d'affari che raramente, se non mai, pensano ad altro che agli affari tendono a sovraccaricarsi fino alla morte, a trascurare le vite personali e a finire preda dell'infelicità.

Non dimenticate che la vostra vita consiste in qualcosa di più dell'essere solo produttivi. Prendetevi cura della vostra salute e forma fisica, trascorrete del tempo di qualità con la famiglia e gli amici e cercate di crescere come persone al di là del contesto aziendale. Tutte queste cose, se combinate, vi aiuteranno a raggiungere i vostri risultati molto più rapidamente e piacevolmente che non diventando uno stacanovista solitario.

Oggi, proprio ora, trovate un piano per avere una vita personale più soddisfacente. Se vi svegliate ogni giorno con la sola passione per la vostra attività, ma non per la vostra vita personale, è giunto il momento di cambiare e iniziare a cercare con tutte le forze di essere un normale essere umano non dipendente dal lavoro.

COME MANTENERE L'EQUILIBRIO E RIMANERE SANI: RIEPILOGO VELOCE

1. Il vostro corpo è il vostro amministratore delegato. Non trascurate la vostra salute, pensando che avrete il tempo di occuparvene in futuro, quando raggiungerete il successo. Il vostro senso di benessere generale contribuisce notevolmente all'autodisciplina e alla perseveranza. Come potete immaginare di raggiungere grandi obiettivi, se siete malati ed esausti tutto il tempo?

2. Vi sono quattro ragioni principali per cui non è possibile raggiungere un corretto equilibrio tra lavoro e vita privata: mescolare identità personale e benessere aziendale, paura di fallire, amore per il lavoro e sensazione di ricevere una ricompensa se si lavora di più.

Mescolare identità personale e benessere aziendale significa che lasciate che la vostra attività definisca la vostra autostima. Un legame così stretto con la vostra attività vi ci fa passare sempre più tempo, fino a quando nella vostra vita non ci sarà nient'altro che il lavoro.

Gestite questo problema trovando più ruoli nella vostra vita che possano definire la vostra autostima (come essere un buon genitore). Inoltre, rendetevi conto che potete avere più successo lasciandovi alle spalle l'attività e vedendola da un'altra prospettiva. Ultimo ma non meno importante, delegate parti della vostra attività in modo da non sentirla come vostra unica responsabilità.

La paura di fallire fa impazzire gli imprenditori e fa loro sacrificare la vita privata. Un tipico imprenditore investe moltissimo nella propria attività, sia finanziariamente che emotivamente.

Imparare a sentirsi a proprio agio con il disagio, invitando il fallimento nella vostra vita, vi aiuterà a ridurre le preoccupazioni riguardo al fallimento della vostra attività. Assicuratevi di mettere su un fondo finanziario per le emergenze. La paura del fallimento non sarà così paralizzante e dominante, nella vostra vita, se sapete che anche nel peggiore dei casi sarete in grado di sostenervi economicamente per alcuni mesi.

L'amore per il lavoro sembra una buona cosa, ma gli imprenditori spesso lo portano all'estremo e fanno diventare gli affari l'unica fonte di sfide e di autorealizzazione. Trovate degli hobby al di fuori del business: questi vi sfideranno a rompere l'incantesimo del lavoro come unica fonte di passione nella vita.

Lavorare di più, e ottenere delle ricompense, vi fa sentire bene. Come imprenditori potete sempre ottenerne di più, di queste ricompense, poiché potete fare sempre qualcosa di più. Sfortunatamente, questo significa anche che è facile esagerare e trascurare tutto il resto.

Questo problema si lega all'amore per il lavoro. Se il business è l'unica cosa che vi crea dipendenza nella vita, è ovvio che gli darete la priorità rispetto a tutto il resto. Per quanto difficile possa essere, trovate attività non lavorative (la cosa migliore sarebbe attività da fare con i propri cari), e trovate entusiasmo in queste.

È possibile che vi ci voglia molto tempo per trovare qualcosa che almeno pareggi l'entusiasmo e la gioia di realizzare di più nella vostra attività, ma alla fine vi permetterà di godere di una vita più equilibrata e sostenibile.

Capitolo 4: Quattro strumenti per sviluppare la vostra autodisciplina come imprenditori

L'autodisciplina è la somma di comportamenti, tratti e abitudini che rafforzano il vostro autocontrollo. Oltre ai pezzi fondamentali del puzzle che abbiamo già rivelato, gli imprenditori hanno bisogno di altri strumenti per costruire l'autodisciplina. In questo capitolo li tratteremo dettagliatamente, raggruppati in quattro set che comprendono tratti, abitudini o cambiamenti mentali necessari per rafforzare la vostra determinazione come imprenditore.

Discuteremo di come e perché questi strumenti funzionano e tratteremo dei sistemi pratici per implementarli nella vostra vita. Quando ve li introdurrete, trarrete beneficio da un effetto sinergico che genererà un'autodisciplina incrollabile a lungo termine.

1. Dedizione e spinta

Dedizione significa investire pienamente nella vostra attività. L'impulso alimenta la dedizione verso il processo. L'uso coerente di questi due strumenti inseparabili è la differenza più cruciale fra gli imprenditori che riescono sulla lunga distanza e quelli che si arrendono.

Nel suo stile tipico e senza esclusione di colpi, l'autore di bestseller di successo MJ DeMarco scrive nel suo libro *The Millionaire Fastlane: Crack the Code to Wealth e Live Rich for a Lifetime:* "Per raggiungere il massimo, affari o altro, devi mangiare, vivere e cacare la cosa che fai. Se ti stai dilettando in dieci cose diverse, i tuoi risultati saranno dilettevoli e non impressionanti. Concentrati su una cosa e falla nel modo più eccellente".[28]

La dedizione inizia con una decisione consapevole di tagliare tutte le possibili vie di fuga e di impegnarsi in un'unica idea imprenditoriale, fino a quando non accade una delle due cose: o si ha successo o si fallisce. Non c'è niente in mezzo, né "dilettarsi" né "provarci".

Disperdere la vostra attenzione su più di un'idea imprenditoriale alla volta diluirà la perseveranza. Quando affrontate degli ostacoli, in una delle vostre attività, la tentazione di chiudere tutto e passare a un'altra idea è forte. Perché dovreste lottare per la vostra prima attività, se c'è sempre la seconda che, per ora, non è così problematica? Un lusso simile, quando gestite una sola attività, non esiste, e questo vi garantisce di dare il meglio quando affrontate le battute d'arresto, invece di cercare la comodità di un'altra attività.

Oh, mi direte, ma ci sono così tanti imprenditori che gestiscono più attività!

Persone come Elon Musk e Richard Branson possono gestire più attività *adesso*, ma entrambi hanno iniziato con una sola impresa e hanno lanciato nuove attività solo quando i progetti precedenti non avevano più bisogno della loro partecipazione attiva. Decenni di esperienza, team affidabili di dipendenti di primissima categoria e capitali virtualmente infiniti consentono loro di gestire più aziende. Se vi mancano queste risorse, è meglio attenersi a una cosa sola.

Consiglio vivamente di rivolgere a un nuovo progetto almeno sei mesi di attenzione totale. Impegnando tutte le risorse verso un'attività, aumenterete notevolmente le vostre possibilità di successo e ridurrete la tentazione di correre dietro a qualcos'altro.

Una volta che vi impegnate in un'attività, dedicatevi ad essa stabilendo una routine coerente.

Come autore autopubblicato, mi sono prefisso un obiettivo giornaliero di parole da scrivere. So che, per mantenere l'autodisciplina, il mio comportamento deve essere automatizzato, quindi non aspetto che la musa mi faccia visita. Seguo invece il consiglio di Stephen King: "I dilettanti si siedono e aspettano l'ispirazione, il resto di noi si alza e va a lavorare".[29]

Una forte etica del lavoro è uno dei più potenti alleati dell'autodisciplina e della perseveranza. Stabilite una routine quotidiana, con un compito fondamentale che dovete assolutamente fare prima di tutto il resto. È meglio se l'attività è quantificabile e ripetibile, come scrivere un migliaio di parole ogni giorno, chiamare trenta potenziali clienti o scrivere duecento righe di codice.

Per mantenere la dedizione al procedimento, è anche necessario riempire il serbatoio con il carburante appropriato: una spinta o uno scopo molto forte.

Come scrivo nella mia serie di newsletter sullo sviluppo di una mentalità orientata al procedimento (riceverete queste e-mail se vi iscrivete alla newsletter, seguendo il link che troverete all'inizio o alla fine del libro):

"La maggior parte delle persone *vorrebbe* solo diventare finanziariamente indipendente, e così continua a desiderarlo per il resto della propria vita. Quelli che effettivamente raggiungono l'obiettivo sono quelli che non solo lo desiderano - sono quelli che ne hanno assolutamente bisogno, nella loro vita, e sono disposti a pagare il prezzo per realizzarlo. Sono quelli disposti a passare attraverso depressione, frustrazione, insuccessi e il sentirsi reclusi; qualunque cosa, per realizzare il loro sogno".

Questo è il tipo di spinta di cui avete bisogno nella vostra vita imprenditoriale, per continuare a lavorare sui vostri sogni finché non diventano realtà. Non si tratta di una semplice passione autogratificante, però; si tratta di farlo perché *dovete* farlo, ed è una cosa alimentata dal desiderio di inseguire la maestria e fornire valore al mondo.

Ryan Holiday, autore di bestseller come *Ego Is the Enemy*, ipotizza: "Lo scopo è di perseguire qualcosa al di fuori di voi stessi, in opposizione al far piacere a voi stessi", e suggerisce che dovreste "farcela su ciò che sentite di *dover* fare e dire, non in quello a cui tenete e che volete essere".[30]

A partire da oggi, rendete più mirato il vostro lavoro, inseguendo la maestria e servendo non solo voi stessi, ma principalmente gli altri. Ricordate la motivazione prosociale e intrinseca? La spinta verso la maestria ne è una delle espressioni più belle.

2. Concentrazione e decisione

Gestire due attività contemporaneamente è la ricetta giusta per le distrazioni. Offre una facile via d'uscita dalla vostra attività problematica. Invece di risolvere un problema, è più facile darci un taglio e passare a un altro progetto, solo per ripetere lo stesso errore quando si incontrano ostacoli sul nuovo percorso.

Tuttavia, le distrazioni possono colpirvi anche se siete fedeli a una sola azienda.

Ad esempio, a molte persone piace giocare a essere un imprenditore progettando biglietti da visita, un logo o un sito web con tutti gli aggeggi di tendenza. Si illudono pensando che questo lavoro inutile sia un importante punto di partenza per avviare un'attività, quando invece dovrebbe essere messo in coda. Si distraggono con compiti irrilevanti invece di concentrarsi sulla cosa importante: la creazione di valore.

Ecco perché avete bisogno di concentrazione e decisione nella vostra vita. Questi strumenti vi aiuteranno a scoprire ciò che è importante *proprio adesso*.

Ogni volta che state per impegnare le vostre risorse in un'attività, chiedetevi se è davvero quello di cui avete *bisogno ora*. Pensate in termini di lavoro intelligente che produce risultati, non al lavoro tanto per il gusto di lavorare. Potrebbe essere bello passare qualche ora a modificare il vostro biglietto da visita, ma alla fine questa azione non produce ciò di cui la vostra nuova impresa ha più bisogno: clienti.

Questa semplice abitudine al lavoro mirato vi aiuterà a evitare di applicare l'autodisciplina su compiti a basso impatto, e quindi di lasciarne di più per ciò che è veramente importante.

E, a proposito di concentrazione, un'altra sfida riguarda le distrazioni sul posto di lavoro che hanno un impatto negativo sulla produttività.

Siete seduti nel vostro ufficio, lavorate a un compito importante e all'improvviso ricevete un'email o qualcuno vi chiama. Rispondete al messaggio o finite la conversazione. È ora di tornare al lavoro, ma prima di farlo decidete di controllare rapidamente la vostra pagina Facebook. Rispondete ad alcuni messaggi, guardate il trailer del nuovo film che il vostro amico ha appena condiviso e commentate le foto di viaggio di un altro amico. Guardate l'orologio e trenta minuti sono appena volati.

Le distrazioni producono una reazione a catena. Arrendetevi a loro una volta sola e preparatevi a dare il benvenuto a molte altre distrazioni.

Nel suo libro *Your Brain at Work: Strategies for Overcoming Distraction, Regaining Focus, and Working Smarter All Day Long,* l'autore David Rock scrive: "Uno studio ha dimostrato che le distrazioni in ufficio fanno perdere in media 2,1 ore al giorno. Un altro studio, pubblicato nell'ottobre 2005, ha evidenziato che i dipendenti trascorrevano in media undici minuti su un progetto prima di essere distratti. Dopo un'interruzione gli ci volevano venticinque minuti per tornare al compito originale, semmai lo facevano".[31]

Ci vuole un sacco di tempo per riprendere il ritmo dopo aver perso la concentrazione, e una persona normale perde la concentrazione molte volte durante la giornata lavorativa. Se non riuscite a controllare le distrazioni, nella vita di tutti i giorni, avrete anche difficoltà a controllarvi.

La chiave per affrontare le distrazioni è riconoscere che accadranno e pianificarle in anticipo.

Non è possibile eliminare del tutto le distrazioni, ma potete tenerle a freno facendo queste tre cose:

1. Lavorate sul compito più importante quando avete meno probabilità di essere interrotti: l'ideale è al mattino. Anche se a un certo punto vi distraete, più avanti nel corso della giornata, almeno avrete già svolto il compito più importante.

Nel suo articolo su PsychologyToday.com, l'autore David Rock consiglia di "fare il lavoro di riflessione più profondo al mattino, mentre ancora si ha la possibilità di controllare l'attenzione".[32]

Mi piace svegliarmi alle 5:00 per svolgere il lavoro più importante, perché la casa è silenziosa, la mente è fresca e nessun altro è ancora in piedi.

2. Evitate le distrazioni lavorando nel posto in cui è meno probabile essere interrotti. Potrebbe essere alla moda lavorare in uno spazio di *co-working* o in un caffè, ma lavorerete meglio in un posto tranquillo dove sarete solo voi e il vostro compito da svolgere. Come imprenditori, probabilmente avete la libertà di lavorare dove volete. Scegliete l'isolamento.

Nella sua intervista con FastCompany.com, la scienziata dell'interruzione Gloria Mark suggerisce che i suoi modi migliori per evitare le distrazioni sono lavorare a casa (per evitare l'ambiente dell'ufficio, ricco di distrazioni) e limitare il suo utilizzo del web a due volte al giorno.[33]

Prestate attenzione a questo consiglio creando uno spazio privato per l'home office e disconnettendovi da Internet, se non ne avete bisogno per il lavoro. Prendete in considerazione l'utilizzo di componenti aggiuntivi del browser che vi consentano di bloccare siti specifici per un determinato periodo di tempo.

3. Siate consapevoli e fate delle pause ogni volta che sentite che l'attenzione se ne sta andando. Pensate di seguire la tecnica Pomodoro, lavorando per venticinque minuti, facendo una pausa di cinque minuti e continuando con un altro giro di venticinque minuti.[34]

Inoltre, considerate la meditazione come uno strumento di allenamento per affinare la vostra concentrazione. Quanto più spesso vi dedicate a un'attività che consuma tutta la vostra attenzione, tanto più otterrete il medesimo livello di attenzione quando lavorate. Se per voi la meditazione non è particolarmente utile o non vi piace, prendete in considerazione altri tipi di attività meditative come:

- Ascolto consapevole della musica,
- Praticare yoga o tai chi,
- Tenere un diario,
- Altri tipi di meditazione non standard come la meditazione camminando, la meditazione contemplativa, la meditazione respiratoria o la meditazione della gratitudine (ho trattato tutte queste alternative alla meditazione classica nel mio libro *Autodisciplina quotidiana - Abitudini ed esercizi quotidiani per formare l'autodisciplina e raggiungere gli obiettivi*).

3. Risolutezza e selettività

Come imprenditori, vi troverete spesso in situazioni difficili in cui non sarete in grado di prendere una decisione informata.

Potreste scegliere di non prendere una decisione, ma anche quella è una decisione. E alla fine, è la peggior decisione che potreste prendere: perché lascerete che le cose vi accadano invece di scegliere cosa fare e assumervi la responsabilità del risultato.

L'autodisciplina non può prosperare in un ambiente in cui lasciate che le cose vi accadano, perché l'autodisciplina è *anche* la decisione di scegliere la gratificazione ritardata rispetto ai premi istantanei. L'imprenditorialità significa essere proattivi e assumere il controllo, non reagire a ciò che vi sta accadendo.

Come si diventa persone più decise e selettive?

Inizia tutto con la comprensione che prendere decisioni consuma energia. Più decisioni prendete, più bassa è la loro qualità. Nella psicologia, questo fenomeno è chiamato *stanchezza decisionale. La stanchezza decisionale*[35] può anche portare all'*elusione delle decisioni*, in cui si evitano completamente le decisioni.[36]

Il presidente Obama disse una volta in un'intervista: "Vedrete che indosso solo abiti grigi o blu. Sto cercando di snellire le decisioni. Io non voglio prendere decisioni su quello che sto per mangiare o per indossare, perché ho troppe altre decisioni da prendere". Aggiunse poi: "È necessario concentrare l'energia decisionale. Si ha bisogno di routine. Non si trascorre la giornata facendosi distrarre dalle inezie".[37]

Non si può negare che il numero di decisioni che un presidente deve prendere vada ben oltre la quota di una persona normale. Di conseguenza, direi che probabilmente sa come gestire la sua energia decisionale, non credete?

Non trattare le inezie semplificando le vostre scelte quotidiane libererà l'energia necessaria per prendere decisioni importanti.

Sbarazzatevi dei vestiti che non indossate più o investite solo in capi classici che si possono sempre abbinare. Comprate e mangiate cibi simili per semplificare le vostre abitudini alimentari. Decidete sempre per la prima cosa che vi viene in mente, quando siete costretti a prendere una decisione banale, come scegliere tra due tipi di pasta diversi quando mangiate fuori.

Riducete o eliminate le decisioni banali della vostra vita, ma siate selettivi quando si tratta di decisioni chiave con conseguenze a lungo termine.

Quando ho deciso di tradurre i miei libri in altre lingue, ho esaminato decine di domande per trovare il traduttore e l'editore giusti. Avrei potuto essere meno schizzinoso, ma sapevo che il compito era troppo importante per trovare delle scorciatoie.

Applicate la selettività nello stesso modo. Se c'è molto in gioco, non accontentatevi della mediocrità, né prendete decisioni affrettate. Per quanto riguarda le scelte banali, non sprecateci il vostro tempo: prendete decisioni rapide.

4. Determinazione e fiducia in sé stessi

Gli scienziati si riferiscono alla determinazione come a una sensazione emotiva positiva che spinge verso l'azione nonostante le difficoltà,[38] rende più perseveranti e migliora la capacità di affrontare i problemi.

In veste di imprenditori affronterete regolarmente battute d'arresto. Non ci sarà nessuno a gestirle per voi. Se non siete abituati ai muri che spesso vi si parano davanti, nel viaggio verso il successo, all'inizio potreste provare la tentazione di rinunciare. La reazione opposta—la determinazione—vi aiuterà a concentrarvi sulle soluzioni: arrampicarvi sul muro, distruggerlo o aggirarlo.

In questo senso, la determinazione riguarda l'avere un luogo di controllo interno e la convinzione che siete voi a controllare la vostra vita, e siete voi—non i fattori esterni come la fortuna, le altre persone o l'economia—che potete cambiarla.[39]

Una persona con un luogo di controllo esterno non sarà in grado di gestire il muro. Lo guarderà pensando che "loro" (chiunque siano) vogliono tenerla lontana dal successo e non c'è nulla da fare se non accettare il destino.

Per sviluppare un luogo di controllo interno, smettete di incolpare il mondo che vi circonda. Accettate la stessa responsabilità per ogni successo e fallimento che incontrate.

Tale rinforzo costante vi spingerà ad affrontare ogni difficoltà con una mentalità orientata all'azione anziché lamentarvi di fattori esterni.

In secondo luogo, sviluppate la vostra auto-efficacia, che è la forza della vostra convinzione nelle vostre capacità e la misura in cui vi rendete conto di aver eseguito con successo un dato compito o di aver raggiunto un obiettivo.[40]

Nel mio libro *Confidence: How to Overcome Your Limiting Beliefs and Achieve Your Goals*, tratto cinque regole fondamentali per sviluppare un forte senso di auto-efficacia. Eccole:

1. Impostate degli obiettivi leggermente al di sopra delle vostre capacità, in modo da poter allungare costantemente la vostra zona di comfort e abituarvi a sfide sempre più grandi. Negli affari, potrebbe trattarsi di iniziare con piccoli investimenti e aumentare lentamente la soglia di rischio.

2. Spezzate gli obiettivi in porzioni più piccole e semplificateli, per evitare di essere sopraffatti. Avviare un'attività sembra una grande impresa, ma quando la si suddivide in piccoli compiti è più gestibile. Quindi è più probabile che vi si sentiate determinati anziché scoraggiati.

3. Concentratevi sul quadro generale per pensare in termini di strategie anziché di tattiche. Come imprenditori, il vostro obiettivo principale è vendere. Tutto il resto è in sottofondo, soprattutto per una persona che ha appena iniziato. Come già detto, concentratevi sulle azioni chiave invece di occuparvi di cose che potrebbero dare una buona sensazione ma non generare risultati.

4. Ristrutturate gli ostacoli in modo da pensarli come ragioni per andare avanti invece di motivi per rinunciare. Come disse il professore americano Randy Pausch: "I muri di mattoni sono lì per una ragione. I muri di mattoni non sono lì per tenerci fuori. I muri di mattoni sono lì per darci la possibilità di mostrare quanto profondamente vogliamo qualcosa. Perché i muri di mattoni sono lì per fermare le persone che non vogliono qualcosa a sufficienza. Sono lì per fermare le altre persone".[41]

5. Assumete il controllo della vostra vita in modo da riconoscere che ciò che vi accade è il risultato diretto delle vostre azioni. E con ciò si torna allo sviluppo di un luogo di controllo interno.

In pratica, fintanto che promettete di non fermarvi finché non farete funzionare la vostra attività, svilupperete la determinazione in modo naturale, proprio come diventereste naturalmente più forti se faceste regolarmente sollevamento pesi.

Tre importanti implicazioni operative

Le tre azioni più importanti che potete intraprendere per attuare nella vostra vita i consigli di questo capitolo sono:

1. Dedicarsi

Se volete costruire una forte autodisciplina, dovete assolutamente dedicarvi alla vostra attività e alla sua crescita. Ciò comprende seguire una routine consolidata per aiutarvi a seguire il processo e non fare troppe cose contemporaneamente, lavorando allo stesso tempo su progetti diversi e non collegati.

A partire da oggi, promettete di sviluppare una dedizione incondizionata al processo di costruzione della vostra attività. Concedetevi almeno sei mesi (l'ideale sarebbe un anno o più) per concentrarvi sulla vostra attività, dimenticando idee imprenditoriali nuove e allettanti. Sviluppate una routine chiave che seguirete ogni giorno lavorativo (ad esempio chiamando un numero specifico di clienti potenziali o producendo una quantità specifica di un prodotto) e non allontanatevi da essa, qualunque cosa accada.

2. Lavorare in modo intelligente e concentrarsi

Lavorare in modo intelligente e gestire correttamente le risorse, invece di girare a vuoto ed essere prodighi, vi aiuterà a ottenere risultati migliori più rapidamente. Ciò, a sua volta, ridurrà il rischio di rinunciare a causa di una mancanza di perseveranza o di autodisciplina.

Fate le attività più importanti il prima possibile o quando sia possibile evitare le interruzioni. Inoltre, venite a patti con il fatto che le distrazioni *accadranno*, e quindi è meglio lavorare a piccole dosi e pianificare le distrazioni durante le pause brevi.

Considerate la meditazione o l'impegno in un tipo di attività simile alla meditazione, che vi aiuterà a riordinare la mente e a concentrarvi sul singolo compito.

Siate consapevoli quando scegliete nuovi compiti da eseguire. È facile cadere nella trappola di fare le cose solo perché è bello completarle, anche se non servono a uno scopo specifico. Presumete che l'autodisciplina sia una risorsa limitata ed evitate lo spreco del dedicarvi ad attività inutili.

Esaminate i compiti che svolgete regolarmente e chiedetevi quali sono indispensabili e quali non sono necessari. Riducete il tempo speso per le attività meno importanti o eliminatele del tutto dal programma.

Non dimenticate che anche le decisioni richiedono energia. Più tempo dedicate a prendere decisioni poco importanti, più sarà difficile prendere le giuste decisioni importanti. Riducete il più possibile il numero di decisioni banali e siate selettivi riguardo alle scelte importanti che possono avere ripercussioni a lungo termine.

3. Imparare a fidarsi di sé stessi

Gli imprenditori spesso dubitano di sé stessi. Questo può portare a una debole determinazione e all'elusione delle decisioni.

Imparate a fidarvi di voi stessi uscendo costantemente dalla vostra zona comfort e provando cose sempre più difficili. A partire da oggi, ogni giorno cercate di fare almeno una cosa che vi spaventa o che vi mette a disagio.

Inoltre, spezzate ogni sfida in passi più piccoli per evitare di essere sopraffatti. Se avete dei grandi obiettivi, spezzateli in trampolini di lancio più piccoli.

Ultimo ma sicuramente non meno importante, pensate alle grandi strategie a lungo termine piuttosto che alle tattiche a breve termine, ai grandi cambiamenti piuttosto che alle piccole modifiche. Valutate il vostro approccio attuale e chiedetevi se vi concentrate principalmente sulle piccole cose o sulle più importanti prospettive a lungo termine.

QUATTRO STRUMENTI PER SVILUPPARE LA VOSTRA AUTODISCIPLINA COME IMPRENDITORI: RIEPILOGO VELOCE

1. La dedizione al processo è la chiave dell'autodisciplina per un imprenditore. Se non vi concentrate completamente e interamente sulla vostra attività, incontrerete delle difficoltà. La perseveranza a lungo termine deriva dall'impegno a rimanere fedeli a un'attività.

2. Rinforzate la vostra dedizione sviluppando una forte spinta a diventare i migliori in quello che fate, concentrandovi sul valore che state dando al mondo. Quando comincerete ad avere la sensazione che *dovete* farcela, diventerete inarrestabili.

3. Siate consapevoli. Ogni volta che state per spendere del tempo o dell'energia in un grande compito, chiedetevi se è necessario. Alcuni imprenditori spesso lavorano per risultati superficiali piuttosto che per ottenere risultati nel mondo reale. Pensate al lavoro e ai risultati intelligenti, non a un

duro lavoro irrazionale e all'essere occupati per amore dell'occupazione.

4. Gestite le distrazioni riconoscendo che accadranno e pianificandole di conseguenza, ad esempio lavorando in sprint di 25 minuti. Una mancanza di concentrazione porterà a risultati mediocri e i risultati mediocri non porteranno al successo che state cercando.

5. Una persona decisa è una persona che fa e agisce sulle proprie decisioni invece di aspettare che le cose le accadano. Questo caratterizza la mentalità proattiva vitale per ogni imprenditore. Gestite la vostra energia decisionale riducendo il numero di decisioni non importanti che prendete ogni giorno. Oltre a ciò, siate selettivi e pensate attentamente, quando prendete decisioni importanti.

6. Assumetevi la responsabilità di tutto ciò che accade nella vostra vita ed esercitate la determinazione mettendovi costantemente fuori dalla vostra zona comfort. La vostra capacità di affrontare problemi e insuccessi crescerà naturalmente, come risultato di questo sfidare voi stessi.

Capitolo 5: Le sfide più comuni che devono affrontare le persone che desiderano avviare un'attività

Uno dei problemi più comuni incontrati dalle persone che desiderano avviare un'attività è esattamente questo: *desiderarla*. Il termine che mi piace usare per una persona con questa sfida è "*wantrepreneur*" (neologismo formato dall'unione delle parole "*want*", "voglio", e "*entrepreneur*", "imprenditore": in pratica, "aspirante imprenditore a vita", ndt), che UrbanDictionary definisce come "qualcuno che pensa di essere un imprenditore o di avviare un'attività ma non inizia mai".[42]

Gli aspiranti imprenditori non avviano affatto attività o fanno finta di essere imprenditori, gestendo piccole iniziative per fare soldi destinate a fallire, spesso costruite in base ai cattivi consigli dei guru del "fare soldi online".

Abbiamo già discusso sul fatto che l'impegno è una delle cose più importanti di cui avete bisogno per raggiungere il successo negli affari. In aggiunta a questo (e ad altri tratti e abitudini che abbiamo discusso finora), ecco altri cinque motivi per cui certe persone sono aspiranti imprenditori, e come superarli.

1. Paura

Se avete sempre fatto affidamento sulla busta paga del vostro datore di lavoro, potreste trovare spaventoso che come imprenditori veniate pagati solo quando ottenete dei risultati. Questa paura può diventare così paralizzante che continuerete per anni a sognare di avviare un'impresa ma non lo farete mai perché avete paura di morire di fame o di perdere la casa.

Mi piacerebbe indicarvi un procedimento preciso e passo passo per superare la paura, ma sfortunatamente non esiste. Proprio come non sarete mai pronti al 100% per essere genitori, non sarete mai del tutto pronti per diventare imprenditori. L'unico modo in cui potete effettuare la transizione è iniziare davvero la vostra attività.

Ciò non significa che dovete puntarvi tutto subito e dare le dimissioni. Lavorare alla vostra attività come elemento collaterale, all'inizio, è un buon modo per superare la paura. Questo vi permetterà di guadagnare un po' di slancio iniziale senza il rischio di finire in una situazione finanziaria negativa, che è una considerazione particolarmente importante se dovete provvedere alla famiglia.

Se non riuscite a immaginarvi mentre fate soldi con la vostra attività, iniziate con qualcosa di semplice come:

- Acquistare un oggetto usato come un telefono o una macchina, pulirlo e/o sistemarlo, fare una bella foto e venderlo con un piccolo ricarico. In alternativa, acquistate queste cose all'ingrosso e vendetele singolarmente a un prezzo più alto. Ero solito acquistare CD musicali in blocco e venderli singolarmente. È stata una buona esperienza per imparare come gestire una piccola attività senza impegnare molto tempo o denaro.

- Approfittare dalla "gig economy" (o "economia delle piattaforme", ndt) offrendo i vostri servizi di freelancer su siti come Upwork (potete anche offrire gli stessi servizi che offrite al vostro attuale datore di lavoro), diventando un autista in una delle startup *ridesharing* come Uber o insegnando l'inglese (o altre lingue che parlate) attraverso siti come Italki. Ero solito scrivere articoli per vari clienti. Anche se non la chiamerei un'attività "vera e propria"−era un lavoro, sebbene fossi io il capo−mi ha insegnato molte cose utili che in seguito mi sono servite come imprenditore.

- Vendere cose che avete fatto con le vostre mani, attraverso mercati artigianali come Etsy. Questo può facilmente trasformarsi in un'attività a tutti gli effetti.

Fare anche una piccola quantità di denaro al di fuori di un lavoro normale svilupperà la fiducia di poter fare soldi da soli. Questo vi aiuterà nella transizione da *aspiranti* imprenditori a imprenditori veri.

Anche se fallirete con le vostre prime piccole avventure... e, siamo onesti, *succederà*, imparerete come gestire i fallimenti e andare avanti. Tutti gli imprenditori hanno una capacità altamente sviluppata di affrontare il fallimento. Se volete raggiungere il successo, preparatevi ad acquisire anche questa abilità.

2. Perfezionismo

Molti perfezionisti rimandano le cose a più tardi perché temono di non riuscire a ottenere risultati perfetti.

Sapete una cosa? Non otterrete *mai* risultati perfetti in qualcosa che per voi è nuovo.

Ciò non significa che non dovreste iniziare, però.

Quando ho iniziato a scrivere libri, ho sperimentato numerosi generi, inclusa la narrativa. Le storie erano imbarazzanti, ma sapevo che avrei dovuto pubblicarle per ottenere feedback dal mondo reale. Sono rimasto sorpreso quando, invece di recensioni a 1 stella, ho ricevuto 3 stelle, 4 stelle, e anche alcune recensioni a 5 stelle. Alla gente *piacevano* davvero i miei libri, gli stessi che io consideravo imbarazzanti.

Da allora ho migliorato le mie capacità di scrittura e perfezionato il mio approccio. Se non fosse stato per questa esperienza iniziale che mi ha esposto alle critiche, non sarei dove sono oggi.

Essendo dei perfezionisti, molto probabilmente avete degli standard non realistici. Fortunatamente, dal momento che potete imparare dalla mia storia, ciò che pensate dei risultati del vostro lavoro probabilmente non corrisponderà alla percezione del vostro mercato, che sarà felice di usare ciò che avete creato.

Se siete aspiranti imprenditori perché temete di non fare un buon lavoro, immaginate che il vostro primo prodotto o servizio faccia schifo e fatelo comunque. Il più delle volte non sarà così male come pensate. Alla fine, farlo comunque è la sola soluzione efficace per sfuggire all'inazione inerente al perfezionismo.

Vi prego di notare che il perfezionismo vale anche per l'attesa di circostanze perfette. Ad esempio, molti imprenditori ritengono che non dovrebbero avviare un'impresa, se non possono ottenere finanziamenti. Sapete una cosa? Potete sempre fare *qualcosa*, anche se tutto quello che avete sono cinque euro nel portafoglio.

Quando lavoravo al mio business del software, non avevo abbastanza soldi per sviluppare l'intera applicazione. Di conseguenza, ho iniziato in piccolo con un minimo prodotto redditizio (un prodotto *barebone* con le funzionalità essenziali di cui i primi utenti avevano bisogno) e ho raccolto fondi direttamente dai miei clienti.

L'ingegno può fare molto, se smettete di aspettare che le stelle si allineino a vostro favore e agite comunque.

Un'altra espressione di perfezionismo consiste nel trascorrere innumerevoli ore a studiare libri sull'imprenditorialità, senza mai mettere in pratica i consigli nella vita reale.

È bello istruirvi sui principi dell'imprenditorialità, ma la vera educazione aziendale inizia quando si avvia un'impresa. Solo allora i concetti trattati nei libri che avete letto inizieranno a avere un senso, e sarete anche in grado di vagliare i consigli che non sono applicabili alla vostra situazione.

3. Mentalità tutto o niente

Un altro motivo comune per cui le persone continuano a desiderare di fare gli imprenditori senza mai trasporre questo desiderio in realtà è che pensano in termini di tutto o niente.

O inizieranno con uno schianto di startup della Silicon Valley di cui tutti parleranno o non inizieranno niente. Per loro, costruire un prodotto minimamente fattibile non è sufficiente.

O è un'invenzione glamour e "mai fatta prima" o nulla. Di certo non una versione leggermente migliorata di un prodotto esistente.

O è un enorme negozio al dettaglio o niente. Testare l'idea con un piccolo negozio online non va abbastanza bene.

È facile vedere come l'unico risultato di tale mentalità consista nel non fare niente. Una persona che pensa in termini di tutto o niente aspetterà le giuste circostanze (che non si verificheranno) o sprecherà le opportunità che si presentano perché non produrranno immediatamente i grandi risultati di cui ha bisogno.

Ancora una volta, la soluzione più forte è quella di agire e fare qualcosa comunque. Avete notato un tema ricorrente?

Se siete nuovi al mondo degli affari, consiglio vivamente di iniziare con qualcosa di piccolo e facile, solo per acquisire esperienza e sicurezza.

Pensare in grande è ammirevole, ma se non avete esperienza pratica nel campo che vi piacerebbe dominare, le vostre possibilità di lanciare una grande azienda, senza avere precedenti esperienze lavorative, sono nulle. Invece, immergete la punta dei piedi nell'acqua, prima, per avere un'idea di quanto siano realistici i vostri piani e adattarli di conseguenza.

Prima di iniziare a prendere lezioni di tennis, pensavo che ci sarebbero voluti un paio di lezioni al massimo per imparare a giocare correttamente. Non sapevo che ci vuole più probabilmente un anno o due per padroneggiare il gioco. Se avessi pensato in termini di "tutto o niente", avrei rinunciato dopo le prime lezioni.

In questo senso, gli affari sono come il tennis. La vostra mentalità tutto-o-niente può indurvi ad avere aspettative non realistiche che screditano tutti i tipi di piccoli risultati e rovinano la vostra motivazione.

Partite in piccolo. Allungate lentamente la vostra zona comfort. Accettate il fatto che è altamente improbabile che la vostra prima attività decolli o che la farete presto diventare una grande azienda. Tuttavia, senza fare questi primi passi non raggiungerete mai quegli enormi obiettivi che volete per voi stessi.

4. Trovare scuse

Le persone trovano scuse perché:

1. Non hanno abbastanza fiducia o capacità di risolvere problemi, o la percezione delle proprie abilità fa pensare loro che non saranno in grado di condurre la gestione reale di un'attività. Lo abbiamo già trattato quando abbiamo parlato di paura.

2. Non vogliono abbastanza il successo, ma hanno bisogno di razionalizzare la loro inerzia. Il problema non è le scuse che trovano, ma la loro debole motivazione.

3. Si preoccupano troppo o tendono a fare di un sassolino una montagna. Le loro scuse sono o irrilevanti oppure nemmeno lontanamente difficili da affrontare come pensano.

Quando si tratta del secondo motivo per cui le persone trovano scuse, non desiderando abbastanza il successo, tutto si riduce alla vostra mentalità.

Se l'unica ragione per cui volete iniziare un'attività è perché volete fare soldi e diventare ricchi, senza ulteriori riflessioni sul motivo per cui avete bisogno di soldi, sarà difficile iniziare e anche più difficile continuare.

L'abbiamo già trattato nel primo capitolo. La motivazione estrinseca è utile, ma non può reggersi sulle proprie gambe senza il supporto della motivazione intrinseca e, idealmente, della motivazione prosociale.

Se avete procrastinato l'inizio di un'attività per mesi o anni, forse è il momento di riconsiderare i vostri motivatori. Milioni di persone in tutto il mondo vogliono essere milionari. In un mondo ideale, forse una piccola percentuale agisce di conseguenza. Questi hanno una tale spinta che a loro sembra una questione di vita o di morte, e queste sono le persone che lo fanno accadere.

Se trovate delle scuse perché vi preoccupate troppo o tendete a ingigantire i problemi, è tempo che vi sediate, scomponiate le vostre preoccupazioni e vi rendiate conto che milioni di persone hanno affrontato gli stessi problemi e ne sono uscite bene.

I problemi che immaginate essere così opprimenti sono spesso, in realtà, piccoli ostacoli che potete facilmente superare. Finché le loro conseguenze negative non avranno un impatto a lungo termine su di voi, perché preoccuparvi così tanto di loro?

Ad esempio, supponiamo che stiate rinunciando al lancio della vostra attività perché temete di non sapere come progettare un sito web, creare una società o utilizzare un account commerciante.

Queste paure sono legittime? Qual è la cosa peggiore che può accadervi, se progettate un sito web sbagliato, non riuscite ad archiviare documenti o non riuscite ad aprire un account commerciante adeguato?

Se progettate un sito web sbagliato, potete sempre riprogettarlo. Oppure, invece di progettarlo nuovamente voi stessi, potete capire come scaricare un modello gratuito e avere un aspetto professionale pur avendo zero conoscenze sulla progettazione di un sito web. Nel peggiore dei casi, rischiate l'imbarazzo.

A meno che non stiate iniziando un'attività in un settore estremamente regolamentato, il rischio di trascurare i documenti è minuscolo. Anche se non presentate dei documenti e vi beccate una multa, molto probabilmente succederà solo una volta. Considerate la multa un'esperienza di apprendimento.

E che dire dell'impossibilità di aprire un conto commerciante? Non è necessario accettare pagamenti. Potete iniziare con Paypal e vari fornitori di carte di credito. Nulla da rischiare, qui.

Sezionate le vostre preoccupazioni allo stesso modo e rendetevi conto che, finché le conseguenze negative sono una tantum e non avranno un impatto duraturo sulla vostra vita, i rischi sono bassi e le scuse non sono legittime.

5. Diritto e mentalità del consumatore

Una delle peggiori mentalità che vi impedirà di raggiungere il successo imprenditoriale è la mentalità del diritto: credere che tutto dovrebbe esservi dato solo perché esistete.

Gli imprenditori con una tale mentalità spesso si tengono occupati con vari schemi per fare soldi a breve termine. Non lanciano mai un'attività adeguata fornendo un valore reale ai propri clienti, perché la loro unica preoccupazione è come fare più soldi nel modo più rapido e semplice possibile.

In questo tipo di aspirante imprenditoria, perlomeno state intervenendo, ma è il tipo di azione sbagliata, incentrata sulla produzione di denaro rapido e flussi di entrate fugaci. Quando si tratta di agire, non procrastinate come altri aspiranti imprenditori, ma rimandate comunque l'inizio di un'attività valida.

Ci sono innumerevoli "autori" nell'industria dell'auto-pubblicazione che vi sono entrati solo perché avevano sentito che poteva essere redditizia. Invece di inventare un modo per servire i propri lettori nel miglior modo possibile, essi producono una massa di libri di bassa qualità nei generi caldi.

Il risultato finale è facile da prevedere: scoraggiati dalle vendite insoddisfacenti dei loro libri di bassa qualità, passano a un altro sistema di far soldi.

Una cura per questo problema è semplice: ogni volta che vi sorprendete a pensare di fare soldi velocemente con un modello di business insostenibile, che non giova a nessuno tranne che a voi, resistete alla tentazione di farlo e pensate a qualcosa di più valido.

La mentalità dei diritti è cugina della mentalità del consumatore. Le persone spesso rimangono aspiranti imprenditori perché avviano un business pensando in termini di ciò che possono ottenere dal business (pensando come un consumatore) invece di ciò che possono offrire al mondo (pensando come un produttore).

Questo è il tipo di persone che acquistano in tendenze e settori caldi anche quando ne hanno zero esperienza, non sono disposti a imparare e non si preoccupano di fornire un valore reale.

Per rimediare a questa situazione, valutate onestamente le vostre abilità e tratti unici e qualsiasi altra cosa possiate mettere sul tavolo. Sono sempre stato uno scrittore, quindi quando ho sentito parlare di autopubblicazione ho capito che poteva essere perfetto per le mie abilità personali. Quali sono le vostre abilità commerciabili, e come potete combinarle per avviare un'impresa e offrire valore al mondo?

Implicazioni operative

In questo capitolo vi lascio con una sola implicazione operativa. Sostituisce tutto il resto ed è la sola soluzione reale per superare *l'aspirante* imprenditoria. Si tratta di:

1. Agire, impegnarsi e modificare le cose fino a quando non vanno a posto

D'accordo, tecnicamente potremmo suddividerla in tre implicazioni operative, ma in realtà è un processo unico.

Agire, che può essere semplice come parlare con i vostri potenziali clienti e offrire loro la soluzione iniziale, vi aiuterà a superare l'inerzia e a ottenere lo slancio iniziale. Se non intraprendete azioni che forniscano un valore reale agli altri, rimarrete per sempre nel mondo imprenditoriale dei sogni.

Oggi eseguite almeno un'azione che produca il risultato diretto di aiutare qualcuno. Non è necessario pagare per questo; molte aziende iniziano con persone che svolgono un servizio per conto di altri o regalano gratuitamente un prodotto come articolo civetta.

Tuttavia, non finisce con l'agire. Quando finalmente ottenete dei risultati iniziali, è il momento di impegnarsi con la vostra idea imprenditoriale per almeno sei mesi. Senza impegnarvi in questo processo, finirete per rincorrere ogni cosa nuova che vedete.

Consiglio vivamente di trovare un modo per ritenervi responsabili. Ad esempio, potreste dare a un vostro amico o amica una notevole quantità di denaro e dire loro di spenderlo come preferiscono, se non vi attenete alla vostra idea di business per un periodo di tempo concordato. Anche la responsabilità pubblica, come la creazione di una discussione sui progressi fatti in un forum sull'imprenditorialità, o l'adesione a un gruppo di "cervelli", può aiutare.

L'ultimo passaggio, ma sicuramente non meno importante, è quello di continuare a modificare le cose fino a quando non vanno al posto giusto, indipendentemente da quanti insuccessi si verificheranno lungo il percorso. Questa fase è ciò che differenzia gli imprenditori di successo da quelli che si arrendono.

Quando ho iniziato nel settore dell'editoria autonoma, agire—scrivere e pubblicare il mio primo libro—è stato il primo passo. Impegnarsi nell'industria, giurando di non provare nient'altro finché non l'avessi fatto funzionare, è stato il secondo passo. Infine, ho continuato a testare varie nicchie, stili di scrittura e approcci di marketing, finché tutto non è andato a posto e ho pubblicato il mio primo bestseller, *Come sviluppare l'autodisciplina*.

Non limitatevi a leggere questo passaggio e dimenticarlo. Mettete alla prova la vostra idea di attività oggi stesso e prendete lo slancio. Tutto ciò che vi serve per sfuggire al triste mondo degli aspiranti imprenditori e far parte dell'entusiasmante mondo degli imprenditori veri è *l'azione*.

LE SFIDE PIÙ COMUNI CHE DEVONO AFFRONTARE LE PERSONE CHE DESIDERANO AVVIARE UN'ATTIVITÀ: RIEPILOGO VELOCE

1. L'aspirante imprenditoria, o il desiderio di avviare un'impresa senza mai farlo, è una delle sfide più comuni dei nuovi imprenditori. I cinque motivi più comuni per cui ricorrono al desiderio, ma mai all'azione vera e propria, sono: la paura, il perfezionismo, la mentalità tutto o niente, accampare scuse, e la mentalità del diritto e del consumatore.

2. La paura di iniziare una nuova attività, o, meglio, le conseguenze negative percepite di un fallimento, possono paralizzarvi così tanto che sognerete di diventare un lavoratore autonomo per anni ma non agirete mai. Per gestire questo problema, iniziate in piccolo con un'idea imprenditoriale che non richieda molto capitale, tempo e coinvolgimento. Allungate lentamente la vostra zona comfort fino a quando non vi sentite pronti per passare

all'imprenditoria a tempo pieno. Non c'è bisogno di puntare tutto e subito.

3. Il perfezionismo è un'altra ragione per restare *aspiranti* imprenditori. Se siete preoccupati che la vostra attività non sia perfetta subito, rimanderete per sempre il lancio di qualsiasi cosa. Per affrontare questo problema, presupponete che il vostro primo prodotto faccia schifo e fatelo comunque. Ogni imprenditore di successo, nella storia, è stato un novizio, a un certo punto.

4. La mentalità tutto-o-niente è una mentalità per cui o lanciate un'attività che cambia il mondo o niente. Sfortunatamente è abbastanza raro, se non impossibile, che un nuovo imprenditore avvii un'impresa che ottenga subito molto successo. Ci vogliono anni per acquisire esperienza di business nel mondo reale. Sbarazzatevi delle vostre aspettative non realistiche avviando una piccola attività. La vostra prima avventura molto probabilmente non sarà comunque la vostra occupazione per tutta la vita.

5. Gli aspiranti imprenditori accampano spesso delle scuse. Lo fanno perché hanno paura, perché

mancano di motivazione adeguata o perché si preoccupano troppo e tendono a fare una montagna di un sassolino.

Se trovate scuse perché avete paura, ripercorrete come sfuggire all'aspirante imprenditorialità. Allungate lentamente la vostra zona comfort per distruggere l'incantesimo che le vostre scuse hanno su di voi.

Se accampate scuse perché vi manca la motivazione, è il momento di rivisitare il vostro motivo, e aggiungere motivatori intrinseci e prosociali più forti. Se il vostro unico motivatore è una Ferrari, è improbabile che facciate tutti i sacrifici necessari e continuiate a spingere (sempre che non amiate le Ferrari più di tutto il resto, nella vostra vita).

Se trovate scuse perché vi preoccupate troppo, analizzate punto per punto le vostre preoccupazioni e chiedetevi quali sarebbero i potenziali effetti negativi, se le vostre ansie diventassero realtà. Causeranno un problema una tantum? Influiranno davvero tanto sulla vostra vita o sarete in grado di andare avanti da subito? Spesso, i problemi che immaginate nella vostra testa sono solo piccoli ostacoli.

6. Non potete approcciare la vostra attività come un consumatore, non parliamo poi del pensare che avete diritto al successo. Pensate all'attività come a un veicolo che può aiutarvi a servire gli altri, e, come estensione, anche ad aiutare voi stessi. Le persone che si concentrano sui soldi rispetto a tutto il resto, piuttosto che pensare a come possono creare valore con le loro abilità personali, sono quelle i cui schemi per fare soldi falliscono, e che rinunciano.

Capitolo 6: Sfide comuni all'autodisciplina per imprenditori esperti

Gli imprenditori esperti potrebbero non avere più a che fare con alcuni dei normali problemi dei nuovi imprenditori, ma ciò non significa che i loro problemi siano scomparsi. Il più delle volte, le vecchie sfide vengono sostituite da sfide nuove, che possono essere delicate come i dolori della crescita.

In questo capitolo discuteremo di tali problemi e delle loro soluzioni. Anche se avete qualche anno di esperienza aziendale, probabilmente avete affrontato, o state ancora affrontando, alcune di queste difficoltà. Tuttavia, anche queste possono essere risolte, ed è fondamentale che lo facciate, se volete rimanere imprenditori di successo per il resto della vita.

Riposare sugli allori

Gli imprenditori esperti spesso soccombono alla tentazione di prendersela comoda. È comprensibile che, nel raggiungere alcuni dei vostri obiettivi, perdiate la fame originale che vi ha portato a mantenere una forte etica del lavoro. Tuttavia, prenderla troppo comoda porta spesso a una china pericolosa.

Proprio come i vostri muscoli richiedono allenamenti regolari per mantenere la loro forza e massa, così la vostra autodisciplina ha bisogno di un "allenamento" costante per avere tutto sotto controllo.

Persino gli imprenditori di maggior successo continuano a spingere, perché sanno che, se non si sfidano continuamente, perderanno il loro vantaggio.

Nella sua intervista a NBC News, Steve Jobs disse: "Penso che se fate qualcosa che si dimostra piuttosto buono, allora dovreste fare qualcos'altro di meraviglioso, non soffermarvi per troppo tempo. Immaginatevi solo quale sarà la prossima cosa".[43]

Certamente potete andare in vacanza o rilassarvi per un certo periodo di tempo, se avete raggiunto un successo enorme, ma resistete alla tentazione di pensare che ora siete a posto per tutta la vita. Il successo non è un dato di fatto: è un processo continuo di mantenimento di buone abitudini e di azioni coerenti.

Conosco una persona che è passata da un'attività di successo ad avere zero reddito da un giorno all'altro, solo perché pensava di essere arrivata e aveva trascurato i suoi affari per troppo tempo. Ha imparato la lezione e ha recuperato, ma sono sicuro che preferireste non trovarvi in una situazione simile.

Ecco tre suggerimenti pratici che vi aiuteranno a evitare di riposare sugli allori e a rinforzare la vostra determinazione per continuare a spingere, nonostante abbiate raggiunto gli obiettivi a lungo termine:

1. Mettersi alla prova

Gli imprenditori prosperano sulle sfide e sulla crescita costante. Se avete raggiunto i vostri obiettivi aziendali originali e avete smesso di uscire fuori dalla vostra zona comfort, non c'è da meravigliarsi se non avete voglia di spingere di più.

Per essere entusiasti di nuove opportunità e sfidare voi stessi, potete:

- Creare nuovi prodotti o servizi. Sperimentate diversi tipi di prodotti e servizi. Per me, come autore, scrivere un libro dopo l'altro può essere noioso. Per combattere la mancanza di stimoli ho iniziato a creare corsi video e audio.

- Entrare in un nuovo mercato. Vendete i vostri prodotti in un altro Paese o a un gruppo diverso di clienti. Io traduco i miei libri in lingue straniere.

- Espandere l'attività in un altro settore correlato; l'ideale sarebbe quello che converge con il vostro settore primario. Ad esempio, se vendete servizi di consulenza alle startup, è probabile che possano acquistare da voi anche del software dedicato.

Quando vi rimetterete nella posizione dei principianti, sentirete un rinnovato senso di sfida che vi motiverà a continuare a far crescere la vostra attività.

Sedetevi, prendete un blocco note o create un nuovo documento sul computer e stilate un elenco di possibili nuovi prodotti, servizi, mercati, settori o qualsiasi altro miglioramento potreste apportare alla vostra attività, per rendervi entusiasti di nuove opportunità.

2. Ricompensarsi

Molti imprenditori si riposano sugli allori, perché hanno raggiunto i loro obiettivi economici originali. Aggiungere più numeri ai loro conti bancari non è più una motivazione sufficiente, quindi rallentano.

Ovviamente, il primo passo sarebbe quello di inventare motivatori intrinseci e prosociali, ma potete iniziare con qualcosa di più semplice: vale a dire, premiatevi traducendo il significato virtuale del denaro nel vostro conto in banca in qualcosa di reale.

Spendere soldi per cose che possono migliorare in modo significativo la vostra felicità per un lungo periodo di tempo potrebbe essere sufficiente a ricordarvi che avete lavorato duramente per la vostra azienda per un motivo, e questo motivo non sono alcune cifre nel conto corrente, ma un vero miglioramento della qualità della vita.

Io sono frugale per natura. Questa tendenza a volte influisce negativamente sulla mia motivazione, perché mi sento riluttante a spendere soldi per cose che potrebbero riaccendere la scintilla dentro di me, come viaggiare.

Per un periodo di tempo mi mancava la motivazione per lavorare. Alcuni giorni prima di scrivere questo paragrafo mi sono convinto a non essere così tirchio e ho comprato i biglietti per un viaggio all'estero di due settimane.

Come per incanto, la mia motivazione è tornata durante la notte, non perché i soldi spesi per il viaggio erodessero così tanto i miei risparmi da sentire il bisogno di riaccumularli, ma perché ha trasformato la sensazione virtuale di denaro nel mio conto bancario in un'esperienza che si è realizzata nel mondo reale.

Se non vi siete ancora ricompensati per il vostro successo con qualcosa di più sostanzioso dei semplici numeri sul conto corrente, prendete in considerazione l'idea di farlo.

Consiglio vivamente di spenderli in esperienze come viaggi o tempo di qualità con amici e parenti. Numerosi studi[44][45][46][47]dimostrano che gli acquisti esperienziali danno più felicità, e per un periodo di tempo più lungo, rispetto agli acquisti materiali.

Una nuova auto invecchia in pochi mesi. Un viaggio alle Hawaii, con un'altra persona che per voi è importante, rimarrà con voi per sempre. Quando tornate, ricaricati e rilassati, è molto probabile che *vorrete* smettere di essere compiacenti e vi sfiderete ancora una volta.

3. Iniziare una nuova attività

Se la vostra attività non richiede più il vostro coinvolgimento personale, pensate ad avviare una nuova attività. Ora che avete un flusso costante di entrate e molta esperienza commerciale, la gestione di più attività commerciali non è più una cattiva proposta come lo sarebbe per un imprenditore principiante.

La sfida e l'entusiasmo di costruire qualcosa da zero ha il potenziale per far risorgere la vostra energia imprenditoriale e l'etica del lavoro.

Quanto più indipendente sarà la nuova attività, tanto più stimolante sarà l'esperienza. Vi libererete della noia e sentirete di nuovo l'emozione. Come imprenditore di successo, Neil Patel ha scritto nel suo articolo per Entrepreneur.com intitolato "Perché non dovreste mai iniziare una sola attività": Se continuate ad avviare nuove società, non vivrete mai un altro giorno noioso nella vostra vita.

Ha anche sottolineato come l'avvio di più attività vi mantenga freschi. Ecco le sue parole: "Ogni volta che create una nuova azienda, imparate qualcosa di nuovo. Nelle mie attività imprenditoriali, ho avviato attività commerciali in settori di cui non sapevo niente su come entrarci. L'apprendimento è metà del divertimento, e mantiene la vostra mente nitida e le vostre abilità fresche".[48]

Mantenere la mente acuta è proprio l'opposto di una pericolosa compiacenza che vi fa perdere la voglia di crescere.

Ultimo ma non meno importante, Neil sostiene: "Una delle cose peggiori che possiate fare con la vostra esperienza è sprecarla. L'esperienza deve essere usata, condivisa e sfruttata, non soffocata".

E questo riassume bene perché riposare sugli allori non è una buona idea. Rilassatevi, di tanto in tanto, e godetevi i frutti del vostro lavoro. Tuttavia, non private il mondo e voi stessi del dono della vostra esperienza. Restate forti e continuate a crescere.

Esaurimento

Gli imprenditori che si trovano a un punto morto spesso perdono la volontà di continuare a lavorare sulle loro attività. E, come abbiamo già imparato, la mancanza di entusiasmo uccide la motivazione.

La mia esperienza personale suggerisce che non è possibile forzare la strada attraverso un esaurimento. Non scomparirà da un giorno all'altro. Spesso e volentieri, ha fermentato dentro di voi per un lungo periodo. Tuttavia, ciò non significa che dovreste andare avanti e aspettarvi che si risolva da solo senza alcuna azione da parte vostra.

La prima azione cruciale per combattere l'esaurimento è fare una pausa. Non illudetevi pensando che farete sparire l'esaurimento lavorando di più. È come cercare di guarire da un infortunio praticando la stessa attività che lo ha causato. Proprio come nello sport, è il momento di fare una pausa e lasciare che il corpo (e la mente) guariscano, senza aggravare ulteriormente la lesione.

Come minimo, prendetevi una settimana intera. Allontanatevi dalla vostra routine quotidiana tanto quanto i vostri obblighi ve lo consentono. Io ho un debole per i viaggi, ma può trattarsi di qualsiasi cosa rompa la routine e metta della distanza tra voi e la vostra attività.

Durante la pausa, prendetevi cura di voi stessi. Mangiate sano, dormite quanto vi serve, staccate la spina, tenetevi occupati con attività piacevoli. Si tratta di resettarvi, quindi in questo periodo non dovreste fare del vero lavoro. Se non potete lasciare la vostra attività a sé stessa, almeno trovate il modo di lavorare il meno possibile. Questo non è il momento di pensare alla salute della vostra azienda: il vostro benessere dovrebbe essere la priorità.

Se avete sofferto di esaurimento per un lungo periodo di tempo, non aspettatevi che una pausa di una settimana vi riporti al top della forma, però. Potrebbe volerci un mese, due o tre. Non è possibile ripristinare anni di cattive abitudini alimentari con una settimana di dieta e non si può affrontare un esaurimento a lungo termine con un'interruzione di sette giorni.

Una volta che ritornate dalla vacanza, potreste comunque non avere voglia di lavorare, ma almeno la mente e il corpo saranno ricaricati. È tempo di allungare delicatamente la vostra determinazione *non facendo nulla*.

L'imprenditore, programmatore e scrittore di successo Derek Sivers suggerisce nel suo articolo "Quando siete completamente non-motivati" di iniziare a fare cose che avete rimandato da anni ma che devono essere fatte. Di conseguenza, passerete dal non fare niente al fare qualcosa, e questo alla fine vi farà sentire di nuovo di fare qualcosa di importante.[49]

Questo piccolo trucco è un buon modo per passare dal periodo di recupero a un lento reinserimento nella routine precedente. In alternativa, iniziate con compiti semplici e veloci e allungare lentamente la zona comfort fino a quando non riprendete il ritmo.

Se soffrite di un esaurimento che rasenta la depressione, parlatene con un professionista. Le questioni psicologiche più profonde richiedono terapie, non un libro di auto-aiuto.

Dire "sì" a troppe cose

Dire "sì" a troppe cose è un'altra sfida comune degli imprenditori esperti. Come già discusso, il lancio di un nuovo prodotto o l'avvio di una nuova attività può aiutarvi, se avete bisogno di un calcio nel didietro. Tuttavia, come con tutto, la moderazione è la chiave. Non volete fare il passo più lungo della gamba.

Spesso, una volta che la vostra azienda inizia a funzionare in modo più fluido, sentirete la tentazione di iniziare nuovi progetti che avete sempre desiderato fare. Questa può essere una buona cosa, finché non riempite l'intera giornata lavorativa con il lavoro e perdete l'equilibrio.

L'obiettivo che avete lavorato duramente per raggiungere-costruire un business di successo che vi dia la libertà di fare ciò che volete- vi porta poi a sempre più lavoro, più responsabilità e anche meno tempo per voi stessi.

Decidendo di capitalizzare la mia esperienza di autore autoprodotto, ho lanciato come progetto collaterale un servizio che aiuta i colleghi scrittori a ottenere recensioni oneste dei loro libri.

Sfortunatamente, con il passare delle settimane, ho iniziato a spendere sempre più tempo ed energie nella mia attività secondaria a scapito della scrittura.

Quando ho capito che stavo tirando troppo la corda, ho venduto la mia attività di servizi. Ho riacquistato chiarezza e ho portato la mia società di self-publishing al livello successivo.

Dire "sì" a un nuovo progetto è stato facile. Eliminarlo dalla mia vita ha richiesto diverse settimane. L'esperienza mi ha insegnato che i progetti collaterali possono divorare rapidamente l'attività principale, e che, se non lo capite abbastanza presto, possono cannibalizzarla.

La prevenzione è più facile della cura. Pensateci a lungo e duramente prima di assumervi nuove responsabilità che possono essere difficili da eliminare dalla vostra vita, in seguito. Suggerisco di seguire queste tre semplici regole:

1. Un ruolo impegnativo e attivo alla volta

Anche solo questa regola vi eviterà un sacco di problemi. Se state pensando di avviare un progetto secondario, fatelo solo se la vostra attività principale può crescere senza il vostro coinvolgimento diretto. Se la vostra assenza influirà negativamente, non assumetevi maggiori responsabilità.

Se disponete di sistemi e/o dipendenti che gestiscono l'attività quotidiana dell'azienda e sono in grado di svilupparla senza il vostro coinvolgimento attivo, siete liberi di lavorare su un nuovo progetto. Altrimenti, trovate un modo per liberarvi dall'attività prima di pensare a nuove responsabilità.

2. Essere un investitore, non un imprenditore

Uno dei più grandi errori che ho commesso con la mia attività di servizi è stato di assumere in essa il ruolo principale, invece di approcciarla come investitore. Se avessi assunto una persona, il cui compito sarebbe stato quello di far crescere la società sotto la mia guida, non mi sarei mai invischiato così tanto in quel business.

Se state pensando di iniziare un nuovo progetto, guardatelo come un investitore. Può funzionare e crescere, se voi siete le persone che supervisionano le operazioni invece di essere quelle che vi lavorano? Potete sviluppare processi che ridurranno al minimo la vostra partecipazione personale e attiva?

Se non ci riuscite, è probabile che l'attività dominerà presto la vostra intera giornata. Se siete pronti fatelo, assolutamente. Se desiderate gestirlo come un progetto parallelo, tuttavia, riconsiderate l'idea.

Ciò non significa che non dovreste avviare una nuova attività, se non è possibile metterle il pilota automatico fin dal primo giorno. Un business in crescita richiede sempre almeno un coinvolgimento personale, ma c'è una differenza tra assumere il ruolo di proprietario che fornisce una guida e un amministratore delegato coinvolto attivamente che gestisce tutto.

3. Pensare a lungo termine

Ultimo ma fondamentale, non dedicatevi a nuovi progetti senza una strategia di uscita: che vogliate alla fine vendere l'attività, automatizzarla o consegnarla a un manager. Non riuscire a pianificare a lungo termine comporta il rischio di prendere troppe cose sulle spalle senza la possibilità di buttare via il peso velocemente.

Ho avuto fortuna, perché avevo fatto in modo che la mia attività di servizi fosse vendibile fin dall'inizio. Se non l'avessi fatto, avrei avuto più difficoltà a eliminarla dalla mia vita, o avrei dovuto assumermi le perdite e chiudere il negozio invece di venderlo, perdendo tutto ciò che vi avevo investito fino a quel momento.

Siate particolarmente attenti quando si tratta di obblighi a lungo termine come lunghi contratti, grandi acquisti necessari per l'attività o assunzione di dipendenti a tempo pieno. Tali oneri vi possono intrappolare e possono trasformare la vostra vita in un incubo, quando decidete di volerne uscire.

Tre importanti implicazioni operative

Ecco tre implicazioni pratiche per affrontare le normali sfide degli imprenditori più esperti:

1. Riaccendere l'entusiasmo

Aver realizzato tutti i vostri obiettivi e la noia che ne deriva può farvi riposare sugli allori. Perdere tempo troppo a lungo vi farà perdere le abitudini che vi hanno fatto avere successo. Se riposate sugli allori troppo a lungo, è il momento di impostare una nuova sfida e rendere l'attività ancora più interessante per voi.

Pensate a un nuovo prodotto o servizio da lanciare. Considerate l'espansione in altri mercati o settori. Infine, se la vostra attività non richiede più il vostro coinvolgimento personale attivo, prendete in considerazione l'avvio di una nuova avventura.

Se state riposando sugli allori perché vi manca la voglia di andare avanti, dopo aver raggiunto tutti i vostri obiettivi finanziari a lungo termine, ricompensatevi con una bella esperienza che trasformerà i numeri sul vostro conto corrente in qualcosa di reale e stimolante. Anche un breve viaggio può essere sufficiente per motivarvi a tornare al lavoro, così da poter avere più viaggi di questo tipo in futuro.

2. Fare una pausa

Per gestire un esaurimento, una lunga pausa non è solo consigliabile, è un must.

Se vi viene voglia di vomitare, quando pensate al lavoro, è tempo di staccare la spina, andare in vacanza e stare il più lontano possibile dai doveri della vostra attività.

Non sentitevi in colpa perché non lavorate o perché vi allontanate dalla vostra etica del lavoro. A questo punto l'importante è riguadagnare la salute mentale, non preoccuparsi dell'autodisciplina.

Se potete permettervelo, e i vostri obblighi non restringono le opzioni, procedete subito a prenotare un viaggio da qualche parte per almeno una settimana. Una destinazione ideale potrebbe essere un Paese straniero, che vi fornirà nuovi stimoli e vi aiuterà a distogliere la mente dal lavoro. Se non potete semplicemente fare i bagagli e viaggiare, concentratevi sulla cura quotidiana di voi stessi. Dormite a sufficienza, mettete in ordine la vostra dieta, fate dell'esercizio fisico, impegnatevi nei vostri hobby e trascorrete del tempo con le persone che amate.

3. Riordinare la vita lavorativa

Fate una valutazione delle vostre responsabilità aziendali. Chiedetevi quali possono essere mantenute a lungo termine e quali aggiungono molto lavoro ma apportano pochi vantaggi.

Quindi, trovate modi per eliminare le responsabilità inutili e ridefinite quelle che dovrebbero essere prioritarie.

SFIDE COMUNI ALL'AUTODISCIPLINA PER IMPRENDITORI ESPERTI: RIEPILOGO VELOCE

1. Gli imprenditori esperti possono sentire la tentazione di riposare sugli allori, pensando di non dover più fare sforzi per migliorare. Va bene celebrare il successo, ma dare per scontata la vostra attività e scivolare nelle cattive abitudini può essere dannoso per i vostri risultati a lungo termine.

2. I tre modi principali per affrontare il riposo sugli allori sono: porsi nuove sfide, creando nuovi prodotti e servizi o entrando in nuovi mercati e industrie, ricompensarvi (se la state facendo troppo facile a causa della mancanza di motivazione), e iniziare una nuova attività (se avete bisogno di una nuova sfida).

Ogni volta che vi sentite troppo compiacenti, ricordatevi che dare le cose per scontate non porta mai a niente di buono, soprattutto negli affari.

3. L'esaurimento è un'altra sfida comune che devono affrontare gli imprenditori esperti. Se siete a un punto morto, fuggite facendo una lunga pausa. Trascorretela viaggiando, ricaricandovi col mantenere abitudini sane e dedicandovi a hobby e attività che vi fanno sentire bene. Respingete il senso di colpa perché non lavorate, ricaricate le batterie.

Quando vi sentite riposati, allungatevi lentamente a svolgere piccoli compiti che vi porteranno dall'inattività al fare *qualcosa*, anche se non è qualcosa di particolarmente urgente o importante.

4. Dire "sì" a troppe cose può portare al sovraccarico e all'esaurimento, a causa di tutte le responsabilità che dovete affrontare.

È importante ricordare, riguardo al fare troppe cose contemporaneamente, che è facile dire "sì", ma è difficile dire "basta" una volta che avete assunto il nuovo obbligo. Per questo motivo, è fondamentale diventare estremamente attenti e consapevoli quando si considera l'avvio di nuovi progetti.

Per evitare settimane lavorative di cento ore, seguite tre semplici regole:

1. Non ricoprire più di un ruolo attivo e impegnativo in un'attività. Se siete l'amministratore delegato di una società, non avviatene un'altra fino a quando la vostra attività principale non potrà crescere senza di voi.

2. Pensare come un investitore, invece che come un imprenditore. Se avete un'azienda e ne volete avviare un'altra come progetto collaterale, strutturatela fin dall'inizio come un'azienda vera, non come un'operazione individuale. L'obiettivo è lavorare *sull'*azienda invece di lavorare *in* l'azienda.

3. Avere una strategia di uscita. Non iniziate un nuovo progetto solo perché sarà divertente. Riflettete sulle potenziali opportunità future di uscire dall'azienda nel caso in cui non desideriate più spendervi le vostre energie o quando inizia a distrarvi troppo da altre priorità.

Capitolo 7: Domande frequenti relative all'autodisciplina

Le domande a cui devo rispondere provengono dai miei lettori, che hanno condiviso con me le loro sfide e i problemi più comuni. Per una ragione o per l'altra non ho potuto rispondere nei capitoli precedenti, quindi ho deciso di includerli tutti nell'ultimo capitolo del libro.

Attenzione: non posso affrontare ogni possibile sfida, ma spesso la soluzione a un problema può aiutare a gestire un'altra difficoltà. Inoltre, molte domande e suggerimenti successivi sono sufficientemente ampi da coprire molti problemi correlati.

A causa del numero di argomenti trattati in questo lungo capitolo, le implicazioni operative verranno immediatamente dopo ciascuna domanda, invece che alla fine del capitolo. Di conseguenza, il riepilogo veloce alla fine del capitolo coprirà solo i punti essenziali.

Iniziamo senza ulteriori indugi.

D: In che modo posso mantenere l'autodisciplina quando faccio attività non qualificate o non creative come tenere la contabilità?

Delegare è la risposta.

Anche la migliore attività individuale può trarre vantaggio dalla delega di alcune attività ad altre persone.

Non ha molto senso attingere alla forza di volontà per costringervi a lavorare su compiti che non fate bene, come contabilità, progettazione grafica o programmazione. Fare cose che detestate vi svuoterà dell'energia che avreste potuto usare nei compiti importanti. Non appena ve lo potete permettere, delegate ogni singola attività aziendale che non sia il vostro forte.

Se non potete permettervi di delegare determinati compiti, svolgeteli tutti in un giorno in cui succede poco, come un fine settimana. In questo modo, non occuperanno la vostra mente durante la settimana lavorativa, quando dovreste concentrarvi sulle priorità.

Ultimo ma non meno importante, se non potete permettervi di delegare compiti che ritenete noiosi o fastidiosi, potreste anche provare piacere nel farli o ricordare a voi stessi perché sono utili.

Ad esempio, per una delle mie attività avevo bisogno di creare un lungo elenco di potenziali clienti, che richiedeva innumerevoli ore di raccolta dati. Avrei potuto borbottare quanto l'odiassi, e per un periodo di tempo ho fatto proprio così. Poi mi sono ricordato che il foglio di calcolo che stavo costruendo era importante. Forse non mi sarebbe piaciuto raccogliere i dati, ma il risultato finale, un elenco di potenziali clienti, mi avrebbe fatto guadagnare denaro.

Cambiare il mio atteggiamento non ha cambiato il fatto che dovevo svolgere quel compito, ma almeno mi sentivo meglio a farlo. È vostra la scelta di come vi fa sentire il vostro lavoro.

Implicazioni operative

Scoprite quale attività prende il massimo del vostro tempo o energia e delegatela a qualcun altro. Se non avete ancora delegato la contabilità e l'amministrazione a un professionista, prendetevene cura come prima cosa. Anche se siete ragionieri o commercialisti, il vostro lavoro come imprenditore è quello di far crescere la vostra attività, non preoccuparvi delle pratiche burocratiche.

Se avete già delegato queste attività, considerate la possibilità di delegare lavori di amministrazione semplici e dispendiosi in termini di tempo, come l'inserimento di dati o lavori che non fate mai bene, come la progettazione grafica o la programmazione.

Se non potete permettervi di delegare, decidete un giorno alla settimana in cui dovrete occuparvi di tutti i lavori che odiate fare.

Infine, se non potete delegare determinati compiti, provate a cambiare il vostro atteggiamento nei loro confronti. Avete il controllo su come vi fanno sentire questi compiti, quindi trovate un modo per dare loro un senso o trovate un modo per renderli più divertenti.

Q: In che modo posso restare motivato quando mi sento scoraggiato?

Tutti gli imprenditori devono costantemente imparare nuove cose e superare le sfide per dare il massimo. Abituatevici: un imprenditore deve essere in grado di prosperare nonostante le difficoltà.

Per mantenere la determinazione quando le cose si fanno difficili e ci si sente scoraggiati, la prevenzione (impostare le giuste aspettative), è la chiave. Siate cauti con la sindrome della falsa speranza, un ciclo di fallimenti e di rinnovati sforzi in cui le persone hanno aspettative irrealistiche del cambiamento di sé.[50]

Questo problema è particolarmente comune tra gli imprenditori con poca o nessuna esperienza aziendale, che stabiliscono obiettivi quasi impossibili da raggiungere.

Non fraintendetemi. È bello pensare in grande. Tuttavia, c'è una linea sottile tra il pensare in grande e l'essere irrealistici, e potrebbe essere difficile comprenderne la differenza, se non si ha molta esperienza aziendale.

In generale, dovreste accettare il fatto che:

1. È altamente improbabile che la vostra prima azienda abbia un enorme successo.

Funders and Founders, una società di design specializzata in infografica, ha creato numerose infografiche in cui mostra i percorsi degli imprenditori di maggior successo.[51] Una cosa che potete imparare da queste infografiche è che ogni imprenditore ha avuto bisogno di almeno un paio di tentativi, prima di ottenere un grande successo.

Ad esempio, il miliardario britannico Richard Branson e il miliardario americano Mark Cuban hanno entrambi avviato quattro società prima di realizzare il loro primo milione.

Se ammettete che la vostra prima attività probabilmente non avrà un successo sconcertante, vi risparmierete una delusione che potrebbe altrimenti rovinare la vostra decisione.

Attenzione, ciò non significa che dovreste aspettarvi che l'attività vi mandi in bancarotta.

Fallimenti spettacolari si verificano raramente. È più probabile che perdiate del denaro o addirittura che andiate in pareggio. Non lasciate che la mancanza di successo vi scoraggi dall'avviare un'azienda, però. Perdere e vincere fanno parte del processo di acquisizione dell'esperienza.

2. È raro che un giovane con poca o nessuna esperienza lavorativa possa avviare un'attività che copra tutte le spese di sostentamento entro pochi mesi. Ci vogliono anni per sviluppare l'etica e la mentalità del lavoro e acquisire conoscenze sufficienti per lanciare un'azienda di successo.

Se siete giovani e inesperti, venite a patti con il fatto che ci vorranno molto probabilmente alcuni anni, prima che possiate definirvi imprenditori a tempo pieno e avere le entrate per dimostrarlo.

A me sono serviti circa sette anni per maturare come imprenditore (e sì, anch'io mi sono illuso pensando che non ci sarebbe voluto così tanto tempo). La mia storia non è rara; la maggior parte degli imprenditori che conosco ha attraversato un processo simile.

Le cose sono più luminose per quelle persone che possiedono abilità redditizie ed etica del lavoro sviluppate in un lavoro normale. Lavorare per qualcuno potrebbe non essere quello che volete, ma è una solida base per la transizione all'imprenditorialità.

Secondo il report *Freelancing in America 2015*, il 60% dei freelance che ha lasciato il proprio lavoro ora guadagna di più, e il 78% di questi ha dichiarato che entro un anno o meno guadagnavano di più come freelance che non nel loro lavoro normale.[52]

Ora, questi numeri potrebbero non essere un campione rappresentativo al 100%. Tuttavia, dimostrano che non è raro, per le persone che già possiedono le competenze, costruire un'attività di successo, anche entro un anno.

3. Le cose dovrebbero essere difficili. Se non lo fossero, moltissime persone sarebbero imprenditori di successo. Le difficoltà sono come un rito di passaggio, e alcune persone passano all'imprenditorialità, mentre altre restano tagliate fuori.

Se iniziate il vostro viaggio pensando che sarà un gioco da ragazzi, avrete una brutta sorpresa. Vi consiglio vivamente di leggere almeno alcune biografie di imprenditori di successo per capire che acquisire un'esperienza aziendale precoce è sinonimo di sfide costanti e fallimenti.

Dopo aver impostato le giuste aspettative e riconosciuto la realtà, un altro modo per rimanere motivati quando le cose sono difficili è trovare piacere nel processo.

Quando cambiate il vostro atteggiamento da "Sarò felice quando faccio x soldi con la mia attività" a "Sono grato di trovarmi a fare questo viaggio, i risultati seguiranno presto", sarà più facile gestire i momenti difficili. Tenete presente il vostro obiettivo, ma non dimenticate di apprezzare i risultati attuali, indipendentemente da quanto siano modesti.

Ultimo ma non meno importante, ogni volta che vi trovate in una situazione difficile e la vostra motivazione sta per svanire, ricordatevi che, una volta superati i problemi, avrete una storia da raccontare.

Una delle mie attività mi ha procurato dei debiti. È stato difficile restare positivo quando ero costantemente preoccupato da come mantenere in vita la mia attività *e* liberarmi dai debiti. Quello che mi ha aiutato a rimanere motivato è stato ricordarmi che alla fine avrei gestito i problemi, e questo mi avrebbe reso una persona più forte. Avrei anche avuto una grande storia ispiratrice da condividere. Sembra banale, ma tali ricordi possono fare un mondo di differenza, quando vi sentite sconfitti.

Implicazioni operative

Stabilire le giuste aspettative è la chiave per prevenire grandi delusioni.

Leggete alcune storie reali di imprenditori di successo per capire il lungo processo necessario per sfondare. Per avere informazioni in merito a quanto tempo impiega una persona normale a raggiungere il successo, cercate anche storie di uomini normali. Blog e forum per imprenditori sono pieni di storie simili.

Se vi sentite già sconfitti, cambiate atteggiamento. Concentratevi su ciò che è giusto (anche se è una cosa minuscola) e ricordatevi che è una fase, non una situazione permanente.

D: Come posso mantenere l'autodisciplina quando tutti mi dicono di no?

Chiunque abbia mai lavorato nelle vendite sa quanto possa essere debilitante ascoltare un "no" dopo l'altro. Più rifiuti si ricevono, meno si è motivati. Come potete essere certi di non arrendervi nemmeno quando tutti dicono "no"?

1. Dare un valore monetario a un "no"

La parte peggiore del rifiuto costante è che sembra di non andare da nessuna parte. E se non ottenete risultati per molto tempo, ecco che si insinua lo scoraggiamento. Se avete già ricevuto dei sì, anche pochi, potete stimare il rapporto tra le risposte "sì" e "no" e dare al vostro "no" un valore economico.

Ad esempio, se ogni "sì" indica una vendita di 100 euro, e ottenete un "sì" ogni cento chiamate, ogni rifiuto "genera" un euro perché è un "no" più vicino al "sì" di 100 euro.

Ovviamente, le statistiche non devono funzionare esattamente come in questo esempio, ma questo non è l'importante. Ciò che è importante è che dare a un "no" un valore monetario vi farà sentire che state realizzando qualcosa. Non è più un'impresa infruttuosa, ma un processo che alla fine porterà al successo.

Ricordate le parole di Thomas Edison: "Non ho fallito. Ho appena trovato 10.000 modi che non funzionano". Ognuno di questi fallimenti è stato un investimento prezioso per il pagamento finale.

2. Concentrarsi sull'azione stessa

Ero una persona estremamente timida. Per superare la mia timidezza paralizzante, mi costrinsi ad avvicinarmi alle donne per la strada. Come probabilmente potete immaginare, la maggior parte delle donne avvicinate da uno sconosciuto lo respingerà in modo brusco. Se mi fossi concentrato esclusivamente sul risultato, mi sarei arreso presto, sentendomi imbarazzato a causa di tutti i rifiuti.

Di conseguenza, il mio obiettivo principale non era quello di trovare una ragazza, ma semplicemente di avvicinarla nonostante la paura. Quello che succedeva dopo aver pronunciato le prime parole non contava. Tuttavia, dal momento che non ero legato a un particolare risultato, in realtà andavo bene e incontravo reazioni positive.

Una volta che ho superato la paura e mi sono sentito a mio agio avvicinandomi alle donne, i risultati sono arrivati con naturalezza, un sottoprodotto del mio focalizzarmi sull'approccio in sé.

Ho provato lo stesso tipo di approccio nel mondo degli affari. Invece di concentrarmi sul risultato finale, mi sono assicurato di aiutare il più possibile il potenziale cliente. Certo, è più difficile non essere attaccati a un risultato se sei al verde e hai bisogno di fare vendite, ma *è* possibile. Fate uno sforzo per concentrarvi sul tentativo in sé e per aiutare il vostro potenziale cliente. Spesso e volentieri, questo proietterà un'aura fiduciosa che lo attirerà verso di voi.

3. Evitare del tutto di ascoltare dei "no"

In molte aziende, le persone si affidano a tecniche di marketing basate sulla forza bruta. Invece di attirare persone, le spingono ad acquistare i loro prodotti. Questo approccio può ancora funzionare in alcuni settori, ma i consumatori rifiutano sempre di più la vendita forzata. Sempre meno persone sono felici di ricevere chiamate di vendita o e-mail senza averle richieste.

Inserite il marketing autorizzato: un tipo di marketing in cui il potenziale cliente viene da voi e non viceversa. Quando è stata l'ultima volta che un chirurgo plastico vi ha chiamato per provare quel suo nuovo tipo di chirurgia plastica? Sono i pazienti a cercare i chirurghi, non viceversa.

Posizionatevi come esperti nel vostro settore o offrite gratuitamente alcuni dei vostri prodotti o servizi, e anche voi potrete diventare come quel chirurgo.

Io rendo disponibili gratuitamente alcuni dei miei libri e altri materiali. I potenziali lettori possono familiarizzare senza rischi con il mio lavoro. Se sono pronti, possono acquistare altri prodotti. Non sto esplorando Internet, cercando nuovi potenziali lettori e chiedendo loro di comprare i miei libri. Di conseguenza, non devo sentire alcun "no".

Leggete le opere di Seth Godin o il libro di Perry Marshall *80/20 Sales and Marketing* per avere più informazioni su come far venire le persone da voi. Non solo sentirete meno spesso dei "no", ma otterrete anche risultati migliori lavorando meno ore.

Implicazioni operative

Se dovete chiamare o mandare e-mail a freddo a potenziali clienti e avete già ricevuto alcuni "sì", assegnate un valore monetario a ciascun "no". Calcolate quanti "no" dovete sentire prima di ottenere un "sì", calcolate il valore di un "sì" medio e dividetelo per il numero di "no". Ed ecco qui, ora sapete quanto vale ogni "no" e quanto siete vicini a un'altra vendita.

Oltre alla prima tecnica, potete anche cambiare la vostra attitudine per concentrarvi sull'azione stessa, come il fare una chiamata, invece di un particolare risultato. Non avere aspettative è spesso più utile che attaccarsi a un particolare risultato (come una vendita) e ottenerlo raramente.

Ultimo ma non meno importante, se non riuscite a gestire il numero di "no" che sentite quotidianamente, imparate a conoscere il marketing autorizzativo. Pensate in termini di come attirare le persone invece di rincorrerle.

D: In che modo posso restare motivato quando tutto quello che posso fare è attendere?

In molte aziende spesso dovete aspettare che qualcun altro consegni il vostro prodotto (appaltatore, produttore, società di spedizioni), dare il via libera per lanciarlo (il vostro partner commerciale, un'agenzia governativa, un distributore) o firmare un contratto per acquistare la vostra soluzione (un cliente).

Quando c'è poco che potete fare per spingere, non potete essere proattivi e questo può portarvi ad avere dei dubbi su voi stessi.

Esistono due modi principali per affrontare questo problema.

Il primo è occuparsi di quei compiti che potrebbero non essere particolarmente importanti, ma che devono essere fatti. Potrebbe essere il momento perfetto per lavorare su tutti questi compiti umili che prima non vi siete potuti costringere a fare. L'immissione di dati senza pensieri o altri lavori di amministrazione potrebbero essere proprio ciò di cui avete bisogno per tenere la mente occupata mentre aspettate la decisione, il prodotto finito o una spedizione.

Il secondo modo per rimanere motivati è spostare la mente altrove. Dal momento che non potete fare molto durante il periodo di attesa, perché non usarlo come un'opportunità per fare una pausa o per formarvi? Trovate una sfida in qualche sport, imparate nuove abilità o semplicemente passate un po' di tempo con i vostri amici e la famiglia.

Implicazioni operative

Se c'è poco che potete fare per far muovere le cose più velocemente, occupatevi delle piccole attività lavorative che avreste dovuto svolgere molto tempo fa, ma che avete sempre rimandato. Se non disponete di tali compiti, fate una pausa. La chiave è distogliere la mente dall'attesa e fare qualcos'altro.

D: In che modo posso sostenere la mia fiducia quando l'attività è in calo?

L'imprenditorialità può essere come le montagne russe. Un giorno sei in cima, il giorno dopo hai il cuore in gola, mentre scendi così veloce che l'accelerazione ti spinge contro il sedile.

Che cosa fare per gestire la scarsa fiducia quando l'azienda è in calo? O, ancora più importante: come si può prevenire o minimizzare lo scoraggiamento quando l'attività rallenta?

Ecco sette soluzioni.

1. Avere dei risparmi

Minore è la vostra sicurezza finanziaria, maggiore è il rischio per la fiducia quando l'attività rallenta. Una cosa è quando gli affari vanno giù, ma avete ancora dei risparmi, un'altra quando non potete pagare le bollette. Nel primo si può ancora pensare lucidamente, nel secondo è facile disperarsi e peggiorare la situazione.

Di conseguenza, un fondo di emergenza che copra da tre a sei mesi di spese regolari di mantenimento è un must. Se non l'avete ancora fatto, iniziate a risparmiare una percentuale del vostro reddito, ogni mese, per mettere su un fondo per sostenere voi e la vostra famiglia durante i periodi più "lenti".

2. Diagnosi e azione

Quando gli affari vanno giù, potrebbero seguire scoraggiamento e rassegnazione. Invece di sguazzare nelle emozioni negative, toglietevele dalla mente e fate una diagnosi del motivo per cui l'azienda non sta andando bene.

Una volta creato un elenco di potenziali motivi, agite su di essi. Il semplice atto di agire vi aiuterà a riprendere il controllo della situazione e a recuperare un po' di autostima.

3. Tenere gli occhi aperti e le luci accese

Quando l'attività è lenta, tagliare le curve sembra invitante. Un proprietario di un negozio di materiali da costruzione lo chiude prima perché "nessuno arriverà comunque". Un proprietario di un business online impiega più tempo a rispondere ai potenziali clienti perché "dopotutto, qual è la differenza?"

Tale atteggiamento non fa nulla per sistemare la situazione. Al contrario, in realtà la peggiora e riduce le possibilità che possiate approfittare di un'opportunità quando si presenta.

Ogni volta che vi trovate in una brutta situazione lavorativa, è il momento di alzare la posta. Tenete le luci accese e gli occhi aperti per eventuali opportunità di invertire la tendenza.

4. Dare priorità alla crescita rispetto ai tagli alle spese

Quando perdete la fiducia nella vostra capacità di far crescere il business, sentirete molto probabilmente la tentazione di tagliare tutte le spese possibili. Può essere una soluzione valida solo se è fatta con attenzione, e con spese davvero non necessarie.

Sfortunatamente, molti imprenditori si disperano troppo e invece di trovare nuovi modi per aumentare le loro entrate si concentrano quasi esclusivamente su economia e risparmio. Di conseguenza, la qualità dei loro prodotti diminuisce, il morale della loro squadra subisce un duro colpo e tutta l'attività si riduce, man mano che l'"ottimizzazione dei costi" se la mangia pezzo per pezzo.

L'unico risultato del dare la priorità all'ottimizzazione dei costi, piuttosto che all'aumento dei profitti, è che si rallenta il decadimento dell'attività, ma non si fa molto per invertirne la tendenza.

Per riprendere il controllo della brutta situazione, resistete alla tentazione di tagliare tutte le spese possibili e concentratevi invece su come far crescere l'attività.

Guardatela in questo modo: potete tagliare solo un tot di spese, ma il guadagno potenziale è illimitato.

5. Mettere a punto e sperimentare

Non importa se le cose stanno andando bene o invece si guastano, è fondamentale investire parte delle risorse nell'innovazione. Mettere a punto e sperimentare può aiutarvi a scoprire nuove fonti di entrate, tendenze che potete cavalcare per far crescere la vostra attività o un nuovo mercato in cui potete diventare leader.

Quando gli affari sono lenti, è particolarmente importante continuare a provare cose nuove e correggere i processi esistenti. Mantenersi occupati con i miglioramenti vi terrà su di morale e vi darà speranza, che è essenziale per rimanere motivati nonostante ostacoli e battute d'arresto.

6. Avere una prospettiva nuova

Portare una nuova prospettiva in azienda può aiutarvi a rimettervi in carreggiata.

Non dovete necessariamente assumere un nuovo dipendente. Una nuova prospettiva può venire da un amico a cui chiedete un'opinione o da colleghi professionisti in un forum di imprenditori ai quali chiedete consiglio. Può anche venire da voi stessi, se andate in vacanza, ricaricate le batterie e tornate con nuove intuizioni e rinnovate energie per far rivivere la vostra azienda in difficoltà.

7. Migliorare la propria autostima

Come abbiamo già discusso, molti imprenditori hanno la tendenza ad associare la propria autostima all'andamento della propria attività. Quando il business va giù, anche per la vostra autostima è un brutto colpo. Con un'autostima bassa è più difficile mantenere la determinazione, quindi è fondamentale aumentare il più possibile la vostra autostima, mentre lavorate perché l'azienda si riprenda.

Suggerisco caldamente di avere un hobby impegnativo, o due, da praticare per distogliere la mente dalla propria attività e aumentare il proprio benessere.

Se la vostra attività è il fattore più grande, o, peggio, il *solo* che definisce la vostra autostima, una crisi può devastare i livelli di autodisciplina. Se molte cose contribuiscono al vostro senso di autostima, questo sarà più resistente alla crisi.

Implicazione operativa

Vi ho appena dato sette modi pratici per affrontare la bassa autostima quando la vostra attività è in calo. Il punto, e in definitiva l'implicazione più importante che potete trarre da questo sottocapitolo, è che quando la vostra attività va giù è il momento di diventare ancora più proattivi. Se abbassate la guardia, sarete colpiti ancora più duramente.

Se vi trovate in una situazione del genere, rimettetevi in sesto, impostate il timer a trenta minuti e fate un elenco delle azioni che potete intraprendere per aiutare la vostra azienda a riguadagnare la terraferma.

Non importa se la vostra azienda sta soffrendo a causa di una recessione economica o di qualsiasi altra cosa che non potete controllare. C'è sempre qualcosa che potete fare per sistemare la situazione, ed è sempre meglio della rassegnazione.

D: Come posso sconfiggere gli attacchi di procrastinazione a breve termine?

Vi sedete davanti al computer e guardate l'elenco delle cose da fare. Sapete cosa deve essere fatto, ma per qualche motivo che non riuscite a capire, semplicemente non potete.

Gli attacchi di procrastinazione a breve termine sono diversi dalla procrastinazione a lungo termine. Con quest'ultima, rimandate le cose per giorni o settimane. Mentre è possibile eliminare quasi interamente questo tipo di procrastinazione dalla vostra vita, occuparsi di scoppi intensi di inerzia a breve termine non è così fattibile. A volte ci sono giorni così.

Invece di cercare di essere motivati, ciò che di solito mi aiuta è cercare di prendere *slancio*.

Quando chiesi all'autore di bestseller ed esperto di fitness Derek Doepker quale fosse la sua strategia migliore per la perseveranza, mi rispose: "Mi chiedo semplicemente 'Potrei anche solo...?' e poi inserisco un'azione così facile che posso farla, a prescindere da quanto non mi senta motivato".

Avete mai notato che è solo *dopo* che avete iniziato a *fare* qualcosa che avete voglia di continuare ad andare avanti? Invece di cercare di avere la motivazione, cercate di prendere lo slancio. La motivazione seguirà naturalmente. Il successo genera successo. Ogni volta che riuscite a fare anche una piccola cosa, il vostro senso di realizzazione e il desiderio di fare di più cresceranno.[53]

In effetti, ho usato questo piccolo trucco proprio prima di scrivere queste parole. Faticavo a trovare la motivazione per iniziare a scrivere, quindi ho iniziato a mettere delle parole sulla carta. Dopo un'ora avevo raggiunto la mia quota giornaliera di parole, quasi per magia.

Implicazione operativa

Qualunque sia il vostro compito, cominciate a farlo: non con l'intenzione di finirlo, ma solo per ottenere lo slancio. Spesso e volentieri, fare i primi passi è tutto ciò che è necessario per superare la procrastinazione e riguadagnare la motivazione.

D: Come posso trovare la forza di volontà per lavorare sulla mia attività, se ho già un lavoro e altri obblighi?

Lavorare sulla vostra attività è già abbastanza difficile, ed è ancora più difficile se avete già un lavoro e altri obblighi. Ora, non fraintendetemi, non è una scusa valida. Un sacco di persone si sono trovate nella stessa identica situazione e ce l'hanno fatta. Potete farlo anche voi.

Potrei darvi numerosi consigli su come trovare più tempo durante il giorno, ma alla fine c'è solo un consiglio davvero efficace che dovreste assolutamente mettere in pratica, nella vostra vita: la giornata lavorativa di un'ora.

Prima che mi diate del matto e pensiate che devo aver sicuramente perso la bussola, ascoltatemi. A tutti noi piace credere che stiamo lavorando molto duramente e che non c'è assolutamente tempo sufficiente per far entrare tutto in questo programma intenso. In realtà, il problema non consiste nel non avere abbastanza tempo, quanto nel non avere abbastanza tempo libero da *distrazioni*.

Sareste sorpresi di quanto potreste ottenere, se spendeste solo sessanta minuti lavorando in modo veramente mirato, con *zero* distrazioni.

Ho posto tanta enfasi in tutto il libro sul fatto che la costruzione della vostra attività dovrebbe essere innanzitutto sostenibile, perché è la chiave della produttività. Non cadete vittime dell'affascinante settimana lavorativa di cento ore, che vi fa sembrare eroici ma alla fine porta a diminuzione della produttività, esaurimento, sfinimento, malattia o, nei casi peggiori, anche alla morte (*karōshi* o "la morte da lavoro eccessivo", è un vero problema in Giappone[54]).

Jeffrey J. McDonnell, professore alla School of Environment and Sustainability presso l'Università di Saskatchewan a Saskatoon, Canada, ha scritto un articolo intitolato "The One-Hour Workday" in cui elogia il potere di fare piccole quantità di scrittura focalizzata ogni giorno.[55]

McDonnell fa notare nell'articolo come, nonostante lavorasse moltissimo, la sua produttività, misurata in produzione cartacea, fosse scarsa. Fu solo quando introdusse il giorno lavorativo di un'ora - un'ora di scrittura concentrata ogni singola mattina-che finalmente riuscì a ottenere qualcosa.

La mia giornata lavorativa di un'ora è simile. Se sto scrivendo un nuovo libro, scriverò mille parole al giorno. Se sto modificando un libro, modificherò un capitolo al giorno. Anche se non realizzo altro, è comunque un giorno produttivo.

Qual è il vostro giorno lavorativo di un'ora? Scoprite un'attività chiave che vi aiuterà a far crescere la vostra attività e a concentrarvi su di essa durante la vostra ora magica. Se vi attenete a una tale routine ogni singolo giorno—e un'ora al giorno è gestibile, non è vero?—i risultati vi stupiranno.

La chiave per far funzionare questa strategia è trovare almeno un'ora di tempo libera da distrazioni. Suggerisco vivamente di svegliarvi presto, alle 5:00 o alle 6:00 del mattino, per godere del momento più tranquillo della giornata.

Anche se vi considerate dei nottambuli, vi esorto ancora a provare ad alzarvi presto. Di solito restavo sveglio fino alle 3:00 del mattino. Ora mi sveglio regolarmente alle 5:00 e termino tutte le attività più importanti (igiene quotidiana, esercizio fisico, lavoro) prima delle 9:00.

Implicazione operativa

Proprio ora, impostate la sveglia almeno un'ora prima del solito. A partire da domani, proteggete la prima ora della giornata come il momento più sacrosanto della vostra vita.

Passate tutta l'ora a lavorare sul compito più importante, quello che spingerà avanti la vostra attività. Anche se non potete permettervi di dedicare più tempo alla vostra attività, vi avvicinerà più di quanto immaginiate al raggiungimento del vostro obiettivo.

DOMANDE FREQUENTI RELATIVE ALL'AUTODISCIPLINA: RIEPILOGO VELOCE

1. Se trovate difficile mantenere l'autodisciplina quando svolgete lavori umili, trovate un modo per delegarli. Se non potete farlo, raggruppateli e fateli tutti nel corso di una giornata. Vi aiuterà anche cambiare atteggiamento nei confronti di questi compiti, trovandovi significato e utilità invece di lamentarvi di quanto siano noiosi e non creativi.

2. È facile perdere la motivazione quando le cose sono difficili e vi sembra che non potrete mai raggiungere i vostri obiettivi. La chiave per mantenere alto il morale è avere le giuste aspettative. Ad esempio, fate una ricerca su quanto spesso una persona normale raggiunge l'obiettivo che volete raggiungere voi, invece di dare non realisticamente per scontato di poterlo fare in modo rapido.

Inoltre, non dimenticate che è il processo che vi fa avere successo. Apprezzatelo per tutto ciò che porta nella vostra vita, sfide comprese.

3. Sentire dei "no" per tutto il tempo può spezzare la decisione anche della persona più disciplinata. Il modo migliore per affrontare il rifiuto è concentrarsi sull'azione stessa e smettere di attaccarsi al risultato.

4. Se vi trovate in una situazione in cui tutto ciò che potete fare è aspettare, occupatevi di quei compiti che state rimandando da molto tempo. Ossessionarvi sul fatto che dovrete aspettare può portare a dubbi e scoraggiamenti. In alternativa, approfittate dell'opportunità per fare una breve pausa e tornare al lavoro con rinnovata energia.

5. La chiave per affrontare uno stato emotivo negativo, quando la vostra attività rallenta, è rimanere proattivi. Se lasciate che la rassegnazione prenda il controllo della vostra vita, potreste anche arrendervi. Eseguite un'azione qualsiasi per uscire dal tunnel, invece di addentrarvici ancora più in profondità.

6. Se avete difficoltà a iniziare le vostre attività quotidiane, provate a iniziare a lavorare, senza nessuna aspettativa di terminare una determinata attività. Basta scrivere la prima frase, inviare un'e-mail a un cliente, scrivere la prima riga di codice o

qualsiasi altra cosa per iniziare a lavorare. Molto spesso, entro pochi minuti guadagnerete lo slancio per andare avanti.

7. Un lavoro e altri obblighi possono rendervi difficile lavorare sulla vostra attività. Questo non significa che sia una buona scusa per non essere autodisciplinati, però. Usate la forza della "giornata lavorativa di un'ora" per assicurarvi un allenamento costante, anche se lento. Svegliatevi presto e dedicate tutti i sessanta minuti a lavorare senza distrazioni sul compito più importante. Anche se è tutto ciò che potete fare quotidianamente per far crescere la vostra attività, un'ora concentrata di lavoro al giorno può dare risultati straordinari.

Epilogo

Credo che gli imprenditori siano la linfa vitale del mondo moderno e che abbiano bisogno di tutto il sostegno che possano ottenere. Ho scritto questo libro per aggiungere il mio piccolo contributo e per aiutarvi ad acquisire conoscenze pratiche per migliorare la vostra autodisciplina e rendere più facile la vostra vita come imprenditori.

La vita di un imprenditore può essere ardua, ma ne vale la pena. Poche altre scelte di uno stile di vita possono fornirvi così tante esperienze di arricchimento come il mettere su la vostra attività. Allo stesso modo, nient'altro metterà alla prova la vostra perseveranza e autodisciplina tanto quanto essere là fuori da soli, uniche persone responsabili del vostro successo.

Come ultimo riepilogo veloce, voglio che ricordiate che:

- Tutto inizia con una motivazione adeguata. Se siete imprenditori nati, molto probabilmente non vi mancherà una solida ragione per cui dovreste andare avanti, ma vale comunque la pena prendere in considerazione vari motivatori aggiuntivi per rafforzare la vostra decisione.

- Le cose e le persone che vi circondano creano la vostra vita. È vostra la scelta di chi sono i vostri amici, quali libri leggete, come trascorrete il tempo e quali comportamenti assumete quotidianamente.

- Fate in modo che la vostra vita sia più della semplice imprenditorialità. È avvincente lavorare sulla vostra attività, ma non dovrebbe essere l'unico amore della vostra vita. Ricordate che lavorate per vivere, non vivete per lavorare.

- Dedizione e attenzione sono le chiavi del successo. Nel nostro mondo in rapido movimento è sempre più difficile mantenere la concentrazione e l'impegno, ma non siete imprenditori perché volete essere come tutti gli altri, giusto?

- Essere proattivi è vitale per sviluppare un atteggiamento adeguato. Gli imprenditori non *aspettano* che le cose accadano, sono loro che le *fanno accadere*.

Voglio che continuiate a creare cose nuove, a dare il via a nuove iniziative o a migliorare le attività esistenti, e a cambiare il mondo in meglio con la vostra energia imprenditoriale e il vostro spirito unici.

Continuate ad andare avanti nonostante qualunque cosa la vita vi getti addosso, dite "no" a cose che mettono in pericolo i vostri risultati a lungo termine e sforzatevi di migliorare la vostra autodisciplina. È solo mantenendo una forte etica del lavoro, e sentendovi a vostro agio con il disagio, che potrete ottenere sempre di più, nella vostra vita imprenditoriale e personale.

Spero che ci incontreremo ancora in altri miei libri, nei quali imparerete a migliorare altri aspetti della vostra vita e a ottenere il successo finale. In bocca al lupo!

Iscrivetevi alla mia newsletter

Vorrei rimanere in contatto con voi. Iscrivetevi alla mia newsletter e sarete sempre al corrente delle mie nuove pubblicazioni, riceverete articoli gratuiti, potrete partecipare ai giveaway e ricevere altre preziose e-mail da me.

Ecco il link per iscrivervi:
http://www.profoundselfimprovement.com/itnews

Potreste darmi una mano?

Mi farebbe piacere sentire il vostro parere sul mio libro. Nel mondo dell'editoria ci sono poche cose più preziose di oneste recensioni da parte di una vasta gamma di lettori.

La vostra recensione aiuterà altri lettori a scoprire se il mio libro fa per loro. Mi aiuterà anche a raggiungere più lettori, aumentando la visibilità del mio libro.

Informazioni su Martin Meadows

Martin Meadows è lo pseudonimo di un autore che ha dedicato la sua vita alla crescita personale, reinventandosi costantemente e apportando drastici cambiamenti alla sua vita.

Nel corso degli anni, ha: digiunato regolarmente per oltre 40 ore, imparato da solo due lingue straniere, perso oltre 30 chili in 12 settimane, gestito diverse attività in vari settori, fatto docce e bagni gelati, vissuto su una piccola isola tropicale in un paese straniero per diversi mesi e scritto un libro di racconti di 400 pagine in un mese.

Eppure, torturarsi non è la sua passione. Martin ama mettere alla prova i propri limiti per scoprire fino a che punto arrivi la sua zona di comfort.

Le sue scoperte (basate sia sulla sua esperienza personale che su studi scientifici) contribuiscono a migliorare la sua vita. Se siete interessati a capire dove arrivano i vostri limiti e imparare a diventare la versione migliore di voi stessi, adorerete i libri di Martin.

Ecco dove potete trovare i suoi libri:

https://www.amazon.it/Martin-Meadows/e/B00U97LQGG/

© Copyright 2018 di Meadows Publishing. Tutti i diritti riservati.

Traduzione di Cinzia Novi.

La riproduzione totale o parziale di questa pubblicazione senza un esplicito consenso scritto è assolutamente vietata. L'autore apprezza molto che tu, lettore, abbia trovato il tempo di leggere il suo lavoro, e ti sarebbe grato se potessi lasciare una recensione ovunque tu abbia comprato il libro o parlandone ai tuoi amici, per aiutarci a farlo conoscere. Grazie per il tuo sostegno al nostro lavoro.

Ogni sforzo è stato fatto per assicurare che le informazioni contenute in questo libro siano accurate e complete. Tuttavia, l'autore e l'editore non garantiscono l'accuratezza delle informazioni, dei testi e delle illustrazioni contenuti nel libro, a causa dei rapidi cambiamenti che avvengono in scienza, ricerca, fatti noti e sconosciuti e Internet. L'autore e l'editore non si assumono alcuna responsabilità per errori, omissioni o interpretazioni contrarie al presente argomento. Questo libro viene presentato con scopi unicamente motivazionali e informativi.

[1] Ryan, R. M., & Deci, E. L. (2000), "Intrinsic and Extrinsic Motivations: Classic Definitions and New Directions", *Contemporary Educational Psychology*, 25(1), 54-67. doi: 10.1006/ceps.1999.1020

[2] Ryan, R. M., & Deci, E. L. (2000), "Intrinsic and Extrinsic Motivations: Classic Definitions and New Direction", *Contemporary Educational Psychology*, 25(1), 54-67. doi: 10.1006/ceps.1999.1020

[3] Preston, J. (26 agosto 2014), "Richard Branson: My golden rule of business", estratto il 26 luglio 2016 da https://www.virgin.com/entrepreneur/richard-branson-my-golden-rule-of-business

[4] Harris, P. (1 agosto 2010), "Elon Musk: 'I'm planning to retire to Mars'", estratto il 26 luglio 2016 da https://www.theguardian.com/technology/2010/aug/01/elon-musk-spacex-rocket-mars

[5] Waters, R. (22 dicembre 2005), "Google's founders named Men of the Year", estratto il 26 luglio 2016 da http://www.ft.com/cms/s/2/86e14656-7315-11da-8b42-0000779e2340.html#axzz4FXl8Ba1e

[6] Tang, S., & Hall, V.C. (1995), "The overjustification effect: A meta-analysis", *Applied Cognitive Psychology*, 9 (5), 365-404. doi: 10.1002/acp.2350090502

[7] Silver, Y. (2015), *Evolved Enterprise: How to Re-think, Re-imagine, and Re-invent Your Business to Deliver Meaningful Impact & Even Greater Profits*, estratto da https://evolvedenterprise.com/

[8] Grant, A. M. (2008), "Does Intrinsic Motivation Fuel the Prosocial Fire? Motivational Synergy in Predicting Persistence, Performance, and Productivity", *Journal of Applied Psychology*, 93 (1): 48-58. doi: 0.1037/0021-9010.93.1.48

[9] About Sevenly, estratto il 27 luglio 2016 da https://www.sevenly.org/pages/about-us

[10] Kahneman, D., & Deaton, A. (2010), "High income improves evaluation of life but not emotional well-being", *Proceedings of*

the National Academy of Sciences, 107 (38): 16489-16493. doi: 10.1073/pnas.1011492107

[11] Bandura, A. (1977), *Social Learning Theory*, Englewood Cliffs, NJ: Prentice-Hall.

[12] *Anderson, C. A., & Bushman, B. J. (2001), "Effects of violent video games on aggressive behavior, aggressive cognition, aggressive affect, physiological arousal, and pro-social behavior: A meta-analytic review of the scientific literature", Psychological Science, 12(5): 353-359. doi:10.1111/1467-9280.00366*

[13] Paik, H., & Comstock, G. (1994), "The effects of television violence on antisocial behavior: A meta-analysis", *Communication Research*, 21(4): 516-546. doi:10.1177/009365094021004004

[14] Baumeister, R. F. (2003), "Ego Depletion and Self-Regulation Failure: A Resource Model of Self-Control", *Alcoholism: Clinical & Experimental Research*, 27(2): 281-284. doi: 10.1097/01.ALC.0000060879.61384.A4

[15] Ferriss, T. (2009), "*The 4-Hour Workweek: Escape 9-5, Live Anywhere, and Join the New Rich*", New York: Crown Publishers.

[16] Johnston, W. M., & Davey, G. C. L. (1997), "The psychological impact of negative TV news bulletins: The catastrophizing of personal worries", *British Journal of Psychology*, 88(1): 85-91. doi: 10.1111/j.2044-8295.1997.tb02622.x

[17] Schwartz, M. (7 marzo 2007), "Robert Sapolsky discusses physiological effects of stress", estratto il 29 luglio 2016 da http://news.stanford.edu/news/2007/march7/sapolskysr-030707.html

[18] Brown, L. (20 agosto 2016), "Refuse to complain. Complaining is just a way of not taking responsibility, justifying doing nothing, and programming yourself to fail", [aggiornamento dello stato Facebook], estratto il 21 agosto 2016 da

https://www.facebook.com/Brown.Les/posts/10154377438849654

[19] Grant, A. M. (2013). *Più dai più hai - Un approccio rivoluzionario al successo*, Sperling & Kupfer, 2013

[20] McKinney, F. (2002), *Make It Big: 49 Secrets for Building a Life of Extreme Success*, New York: John Wiley & Sons.

[21] Burg, B., & Mann, J. D. (2007), "*The Go-Giver, Expanded Edition: A Little Story About a Powerful Business Idea*", New York, NY: Portfolio.

[22] Bartolotta, D. L. (1998), "If At First You Don't Succeed… What Makes You Try Again? ", estratto il 29 luglio da http://repository.cmu.edu/cgi/viewcontent.cgi?article=1033&context=hsshonors

[23] Christy, M. (9 maggio 1982), "Winning according to Schwarzenegger", *Boston Globe*. p. 51.

[24] McGonigal, K. (2012), "*The Willpower Instinct: How Self-Control Works, Why It Matters, and What You Can Do to Get More of It*", New York, NY: Avery.

[25] Baumeister, R. F. (2003), "Ego Depletion and Self-Regulation Failure: A Resource Model of Self-Control", *Alcoholism: Clinical & Experimental Research*, 27(2): 281-284. doi: 10.1097/01.ALC.0000060879.61384.A4

[26] Williamson, A., & Feyer, A. (2000), "Moderate sleep deprivation produces impairments in cognitive and motor performance equivalent to legally prescribed levels of alcohol intoxication", *Occupational & Environmental Medicine*, 57(10): 649-655. doi: 10.1136/oem.57.10.649

[27] Simmons, M. (13 maggio 2013), "Is The 70-Hour Work Week Worth The Sacrifice? ", estratto il 30 luglio 2016 da http://www.forbes.com/sites/michaelsimmons/2013/05/13/is-the-70-hour-work-week-worth-the-sacrifice/

[28] DeMarco, M. J (2011), *The Millionaire Fastlane: Crack the Code to Wealth and Live Rich for a Lifetime,* Phoenix, AZ: Viperion Publishing Corporation.

[29] King, S. (2010), *On Writing: 10th Anniversary Edition: A Memoir of the Craft*, New York, NY: Scribner.

[30] Holiday, R. (2016), *Ego Is the Enemy*, New York, NY: Portfolio.
[31] Rock, D. (2009) *Your Brain at Work: Strategies for Overcoming Distraction, Regaining Focus, and Working Smarter All Day Long*, New York, NY: HarperCollins.
[32] Rock, D. (04 ottobre 2009), "Easily distracted: Why it's hard to focus, and what to do about it", estratto il 6 agosto 2016, da https://www.psychologytoday.com/blog/your-brain-work/200910/easily-distracted-why-its-hard-focus-and-what-do-about-it
[33] Pattison, K. (28 luglio 2008), "Worker, Interrupted: The Cost of Task Switching", estratto il 6 agosto 2016 da http://www.fastcompany.com/944128/worker-interrupted-cost-task-switching.
[34] The Pomodoro Technique, estratto il 6 agosto 2016 da http://pomodorotechnique.com/
[35] K. D. Vohs, R., Baumeister, J. M.,Twinge, B. J., Schmeichel, D. M.,Tice, &J., Crocker (2005), *Decision fatigue exhausts self-regulatory resources--but so does accommodating to unchosen alternatives*, estratto il 7 agosto 2016 da https://www.chicagobooth.edu/research/workshops/marketing/archive/WorkshopPapers/vohs.pdf
[36] Anderson C. (2003), "The Psychology of Doing Nothing: Forms of Decision Avoidance Result from Reason and Emotion", *Psychological Bulletin*, 129(1): 139-167. doi: 10.1037/0033-2909.129.1.139
[37] Baer, D. (12 febbraio 2014), "Always Wear The Same Suit: Obama's Presidential Productivity Secrets", estratto il 10 agosto 2016 da http://www.fastcompany.com/3026265/work-smart/always-wear-the-same-suit-obamas-presidential-productivity-secrets
[38] Kirby, L. D., Morrow, J., &Yih, J. (2014),*The challenge of challenge: Pursuing determination as an emotion*, in M. M., Tugade, M. N., Shiota, & L. D., Kirby (Eds.), *Handbook of Positive Emotions*, New York, NY: Guilford Publications.

[39] Rotter, J. B. (1966), "Generalized expectancies for internal versus external control of reinforcement", *Psychological Monographs: General & Applied*, 80(1): 1-28. doi: 10.1037/h0092976

[40] Bandura, A. (1994), *Self-efficacy*, in V. S., Ramachaudran (Ed.), *Encyclopedia of human behavior*, vol. 4, pp. 71-81. Cambridge, MA: Academic Press.

[41] Carnegie Mellon University (2007, 20 dicembre), *Randy Pausch Last Lecture: Achieving Your Childhood Dreams* [File video], estratto il 7 agosto 2016 da https://www.youtube.com/watch?v=ji5_MqicxSo

[42] *Wantrepreneur*, in Urban Dictionary, estratto il 16 agosto da http://www.urbandictionary.com/define.php?term=wantrepreneur

[43] Williams, B. (25 maggio 2006), "Steve Jobs: Iconoclast and salesman", estratto il 17 agosto 2016, da http://www.nbcnews.com/id/12974884/

[44] Van Boven, L., & Gilovich, T. (2003), "To Do or to Have? That Is the Question", *Journal of Personality and Social Psychology*, 85 (6): 1193-1202. doi: 10.1037 / 0022-3514.85.6.1193

[45] Van Boven, L. (2005), "Experientialism, Materialism, and the Pursuit of Happiness", *Review of General Psychology*, 9(2): 132-142. doi: 10.1037/1089-2680.9.2.132

[46] Kumar A., Killingsworth M.A., & Gilovich T. (2014), "Waiting for Merlot. Anticipatory Consumption of Experiential and Material Purchases", *Psychological Science*, 25(10): 1924-1931. doi: 10.1177/0956797614546556

[47] Pchelin, P., & Howell, R. T. (2014), "The hidden cost of value-seeking: People do not accurately forecast the economic benefits of experiential purchases", *The Journal of Positive Psychology*, 9(4): 322-334. doi: 10.1080/17439760.2014.898316

[48] Patel, N. (2 aprile 2015), *Why You Should Never Start Just One Business*, estratto il 18 agosto 2016 da https://www.entrepreneur.com/article/244560

[49] Sivers, D. (2 agosto 2016), *When you're extremely unmotivated*, estratto il 18 agosto 2016 da https://sivers.org/unmo
[50] Polivy, J. (2001), "The false hope syndrome: unrealistic expectations of self-change", *International Journal of Obesity and Related Metabolic Disorders*, 25 Suppl 1: S80-4. doi: 10.1038/sj.ijo.0801705
[51] Vital, A. (23 agosto 2013), *Serial Entrepreneurs – The Founders Who Pursue Multiple Opportunities*, estratto il 23 agosto 2016 da http://fundersandfounders.com/serial-entrepreneurs-how-to-pursue-multiple-opportunities/
[52] *Freelancing in America: 2015*, estratto il 23 agosto 2016 da https://fu-web-storage-prod.s3.amazonaws.com/content/filer_public/59/e7/59e70be1-5730-4db8-919f-1d9b5024f939/survey_2015.pdf
[53] Meadows, M. (2015), *Determinazione: come andare avanti quando vorreste rinunciare*.
[54] *Karōshi* (2 agosto 2016), in Wikipedia, The Free Encyclopedia, estratto il 22 agosto 2016 da https://en.wikipedia.org/w/index.php?title=Kar%C5%8Dshi&oldid=732672121
[55] McDonnell, J. (2016), "The 1-hour workday", *Science*, 353(6300), 718. doi: 10.1126/science.353.6300.718.

www.ingramcontent.com/pod-product-compliance
Lightning Source LLC
Chambersburg PA
CBHW031625210526
45464CB00004B/1748